학교와 마을이 하나되는

전통놀이

즐거운학교

Contents

놀이가 있어야
학교가 즐겁다

좋은 학교란 무엇일까? 공부를 잘 가르치는 학교? 예절이 바른 학교? 학교폭력이 없는 학교? 여기에 재미있는 사실이 있다. 이런 대답은 주로 어른들이 생각하는 좋은 학교다. 어른들이 생각하는 좋은 학교는 여러 대답이 나왔다.

그럼 아이들이 생각하는 좋은 학교는 어떤 학교일까? 대답은 하나다. "재미있는 학교" 그것이 아이들이 생각하는 학교의 전부다. 재미있는 학교가 되어야 학교에 갈 생각이 들고, 그다음에 공부할지, 인성을 배울지, 친구들과 어떻게 지낼지를 생각하게 된다. 학교 자체가 가기 싫어지면 어떠한 것을 가르쳐 준들 아이에게 들리지 않는다.

실제로 아이가 부모에게 학교 가기가 재미없다고 하면 부모는 바로 학교에 상담을 요청한다. 왜 우리 애가 학교가 재미없다고 하는지, 혹시 어떤 문제가 있는 것은 아닌지 알아보려고 한다. 그런데 공부가 하기 싫다거나 학교 활동이 싫다는 이유로는 즉시 학교에 상담요청을 하지 않는다.

그 이유가 무엇일까? 아이에게 있어서 학교가 재미있고 없고는 가장 기본적인 욕구이다. 유치원, 초등학교에 다니는 어린아이일수록 재미가 없으면 어떠한 것도 하지 않으려는 경향이 강하다. 환자가 식욕을 느끼지 못하고 식사를 끊으면 큰 문제가 생기듯이 아이가 학교에서 재미를 느끼지 못하면 다른 문제가 발생하게 된다.

그래서 학교는 아이들이 학교 다니는 것이 재미있도록 노력해야 할 의무가 있다. 수업을 재미있게 해야 할 의무, 쉬는 시간과 점심시간이 재미있도록 느끼게 만들 의무가 있다. 그중에서 가장 손쉬운 방법이 학교에 있는 빈 곳을 아이들이 뛰어놀 수 있는 공간으로 바꾸어 주는 것이다. 그리고 그 공간에서 놀이 문화를 알려 주어야 한다. 그러면 굳이 큰돈을 들이지 않고도 자연스럽게 학교는 재미있는 공간이 된다.

최근에는 많은 학교가 이렇게 빈 곳을 찾아 전통놀이를 가르치고 있다. 그런데 어떻게 그리는지 모르고, 어떻게 노는지도 몰라 고민하는 학교가 많아 문의 전화가 많이 왔다. 일일이 알려 주고 강연을 가는 데 한계를 느껴 누구든지 책만 읽고도 따라 할 수 있게 그리고 원격연수를 보며 더 쉽게 이해할 수 있도록 이 원고를 쓰고 있다.

시중에 나온 전통놀이책들보다 더 쉽고, 더 자세하게 쓰려고 노력하고 사진과 그림도 하나하나 담아보았다. 이 책을 통해 많은 학교에서 전통놀이가 활발해지기를 바라는 마음이다.

— 세종에서 전인구 드림

학교에서 하면 재미있는 전통놀이

1. 8자놀이, S자놀이

　놀이터가 부족하고 놀 공간이 비좁은 도시에서 술래를 피해 도망치는 놀이는 다칠 위험이 있다. 그런데 8자놀이나 S자놀이는 정해진 모양의 두 원을 계속 돌기 때문에 협소한 공간에서도 재미있고 안전하게 놀 수 있다. 아마도 아이들의 안전을 생각한 어른이 고안한 술래잡기 놀이의 변형이 아닐까 생각한다. 8자놀이와 S자놀이는 거의 모든 학교에 그려져 있을 정도로 아이들에게 인기가 많다.

▶ 8자놀이

▶ S자놀이

8자놀이 그리는 법

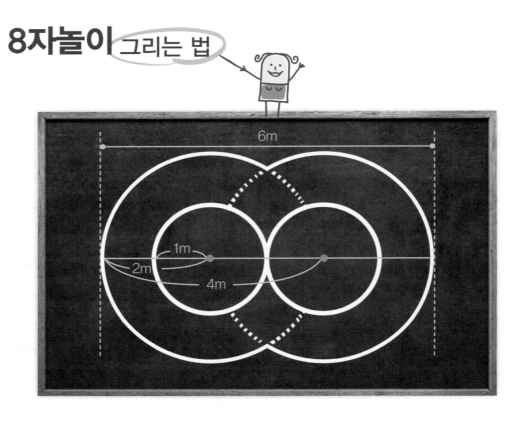

 분필, 노끈, 줄자, 페인트, 롤러(3인치)

① 분필로 직선을 6m 긋고, 2m와 4m 지점 위에 표시한다.

② 1m와 2m 길이의 노끈을 2개 준비하고, 노끈의 양 끝에 분필을 각각 묶는다.

③ 직선에 표시한 2m 지점에 1m 노끈 한쪽 끝에 묶어둔 분필을 고정하고, 반대편 분필로 동그랗게 원을 그린다. 2m 노끈도 마찬가지로 원을 그리면 동그란 도넛 모양이 나온다.

④ 직선에 표시한 4m 지점에도 1m 노끈과 2m 노끈으로 원을 그리면 8자 모양이 그려진다.

⑤ 롤러에 페인트를 묻혀 분필로 그린 선 위에 진하게 그린다. 단, 선이 겹치는 부분은 페인트를 칠하지 않아야 예쁜 8자 모양이 된다.

1. 선 밖으로 나가거나 선을 밟으면 술래가 된다.

규칙

술래를 1명 정하고, 모두 8자 트랙 안에 들어간다.

술래가 다섯을 셀 동안 친구들은 트랙 안에서 도망 간다.

술래의 손이 다른 친구에게 닿으면 그 친구가 새로운 술래가 된다.

S자놀이 그리는 법

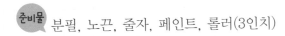

준비물 분필, 노끈, 줄자, 페인트, 롤러(3인치)

방법
① 분필로 직선 7m를 긋고, 2m 지점과 5m 지점 위에 표시한다.
② 1m와 2m 길이의 노끈을 2개 준비하고, 노끈의 양 끝에 분필을 각각 묶는다.
③ 직선에 표시한 2m 지점에 1m 노끈 한쪽 끝에 묶어둔 분필을 고정하고, 반대편 분필로 동그랗게 원을 그린다. 2m 노끈도 마찬가지로 원을 그리면 동그란 도넛 모양이 나온다.
④ 직선에 표시한 5m 지점에도 1m 노끈과 2m 노끈으로 원을 그리면 8자 모양이 그려진다.
⑤ 8자 모양이 S자 모양이 되도록 양쪽 끝부분에 직선을 그어 표시한다.
⑥ 롤러에 페인트를 묻혀 분필로 그린 부분의 안쪽 부분을 칠한다. S 모양이 될 수 있도록 페인트를 칠하지 않아야 할 부분에 주의한다.

규칙

1

술래를 1명 정하고, 모두 S자 트랙 안에 들어간다.

2

술래가 다섯을 셀 동안 친구들은 트랙 안에서 도망 간다.

3

술래의 손이 다른 친구에게 닿으면 그 친구가 새로운 술래가 된다.

4

술래를 제외한 친구들은 트랙이 끊긴 S자 끝부분을 넘을 수 있다.

★ 반칙

1. 선 밖으로 나가거나 선을 밟으면 술래가 된다.
2. 술래는 트랙이 끊긴 S자 끝부분을 넘을 수 없다.

한 걸음 더 고민하기

　8자놀이와 S자놀이는 우리가 아는 얼음땡과 놀이 방법이 같다. 단지 트랙 안에서만 돌아다녀야 한다는 제한을 둔 것일 뿐이다. 그래서인지 선생님이 규칙만 잘 설명하고 시선을 다른 곳으로 두는 경우가 생긴다. 그런데 의외로 이 놀이를 하다 아이들이 많이 다친다. 왜일까?

　아이들은 빠르게 달리고, 달려야 하는 트랙은 좁고 제한되어 있다. 술래가 친구들을 한 곳으로 몰아놓고 갑자기 달려오면 술래와 가까운 쪽에 있던 친구는 피할 방법이 없다. 이 경우 그 친구는 어떻게 할까?

　선을 넘거나 밟으면 반칙으로 자신이 술래가 되니, 선택할 방법은 하나다. 주변에 서 있던 친구들을 밀고 술래를 피해 안쪽으로 파고들게 된다. 이때 주변에 서 있던 친구들이 밀려서 넘어지게 된다. 이런 상황에 대비해 지도하는 선생님이 정해 줘야 할 것은 무엇이 있을까?

　첫째, 인원수를 조절한다. 좁은 곳에서 하는 게임이므로 면적 당 인구 밀도가 높아지면 아이들이 스트레스를 받는다. 다치거나 싸울 가능성이 커진다. 4~6명가량으로 한 모둠을 구성하는 것이 적당하다.

　둘째, 아이들이 다치지 않을 만한 바닥에 8자놀이, S자놀이를 그린다. 잘 넘어지는 놀이를 보도블록이나 주차장, 시멘트 바닥에 그리면 크게 다칠 위험이 있다. 우레탄 코트나 마룻바닥에 그리는 것이 가장 좋고, 학교의 상황이 여의치 않다면 아이들에게 무릎과 팔꿈치 보호대를 착용하게 하는 것이 좋다.

셋째, 친구를 밀치는 것도 반칙으로 술래가 됨을 알려 준다. 술래가 된다는 것을 명확히 알려 주면 웬만해서는 친구들을 밀치지 않는다. 실제로 밀쳤을 경우 반칙으로 정해 주면 다음부터는 친구들을 밀치지 않는 모습을 볼 수 있다.

술래 제한시간을 정하자

한 명이 술래를 오래 하면 재미가 떨어진다. 8자놀이, S자놀이는 술래가 빠르고 센스가 있어야 술래에서 벗어날 수 있다. 그런데 발이 느리고, 놀이 감각이 부족한 친구가 술래를 하면 놀이가 길고 지루해진다. 이럴 때 선생님이 술래 제한시간을 정해 주면 지루해지는 것을 예방할 수 있다.

2. 달팽이 놀이

빙빙 돌다가 중간에서 마주친다고 하여 '마주치기', '돌아 잡기'라고 부르기도 하는데, '달팽이놀이'라는 이름이 가장 유명하다. 동그란 트랙을 따라 끊임없이 달릴 수 있고, 친구를 밀거나 당기지 않아도 돼 안전하다. 쉬운 규칙, 달리기, 운, 박진감 4박자가 맞아떨어지면서 아이들에게 적당한 긴장감을 준다.

달팽이놀이 그리는 법

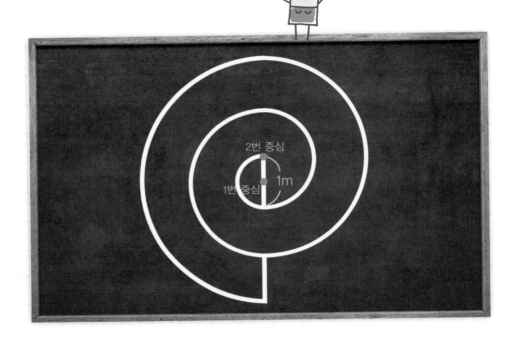

 준비물 분필, 노끈, 줄자, 페인트, 롤러(3인치)

 방법 ① 50cm, 1m, 1m 50cm, 2m, 2m 50cm 길이의 노끈을 5개 준비한다.

② 노끈의 양 끝에 분필을 각각 묶는다.

③ 1번 중심에 분필 한 끝을 고정하고, 50cm 반원을 그린다.

④ 2번 중심에 분필 한 끝을 고정하고, 1m 반원을 그린다.

⑤ 1번 중심에 분필 한 끝을 고정하고, 1m 50cm 반원을 그린다.

⑥ 2번 중심에 분필 한 끝을 고정하고, 2m 반원을 그린다.

⑦ 1번 중심에 분필 한 끝을 고정하고, 2m 50cm 반원을 그린다.

⑧ 안쪽 출발선과 바깥쪽 출발선을 그려 주면 완성된다.

⑨ 롤러에 페인트를 묻혀 분필로 그린 선 위에 진하게 그린다.

✦ 반칙

1. 이동하다가 발로 선을 밟으면 다음 친구에게 기회가 주어진다.

규칙

안에서 밖으로 나가는 팀과 바깥에서 안으로 들어 가는 팀으로 나눈다.

신호에 맞춰 각자 출발선에서 트랙을 따라 달린다.

마주 치면 가위바위보를 한다.

가위바위보를 이긴 친구는 달리던 방향으로 계속 달린다. 진 친구는 밖으로 나오고 그 팀의 다음 주 자가 달려 나온다.

다시 마주 치면 가위바위보를 하고, 달려가기를 반복한다.

상대팀의 출발선에 발이 닿으면 이긴다.

한 걸음 더 고민하기

어떻게 응용하면 달팽이놀이를 더 재미있게 할 수 있을까? 사실 더 재미있게 만들면 아이들은 하루종일 멈추지 않고 놀이를 할 수도 있다. 그만큼 잘 만들어진 놀이라서 굳이 변형을 할 필요가 없다.

규칙을 하나 바꿔 본다면 달려가는 것이 아니라 다른 방법으로 가도록 하는 것이다. 각 팀별로 동물을 하나씩 정한다. 토끼, 개구리, 도마뱀, 코끼리, 원숭이 등 마음에 드는 동물을 하나씩 정하고, 원을 돌 때 그 동물처럼 흉내를 내며 도는 것이다. 그러면 달리는 속도가 줄어 다칠 위험도 낮아지고, 아이들의 표현 능력도 기를 수 있다.

가위바위보를 대신해서 다른 것으로 승부를 보는 방법도 있다. 참참참이나 묵찌빠, 끝말잇기, 369, 탕수육 등으로 승부를 보면 단순히 운이 아닌 전략이 더해지므로 안타까움과 재미가 배가 될 수 있다.

흙에 물을 부어 임시로 달팽이놀이를 그린다면 거대 달팽이놀이를 만들어 보면 어떨까? 평소에 하던 달팽이놀이보다 훨씬 더 크게 그리면 체력이 빠르게 소모되고, 자주 하면 아이들의 심폐지구력이 좋아진다.

점심시간 전에 이 놀이를 하면 밥맛이 더 좋아진다는 장점도 있다. 규칙이 단순하기에 지도자도 게임에 함께 참여하면 재미도 얻고, 운동도 되고, 밥맛도 좋아질 수 있다.

고학년은 한 발 뛰기로 다녀 보자

　고학년은 달리는 속도가 빨라서 원을 돌면 원심력 때문에 넘어지기가 쉽다. 8자놀이처럼 폭을 넓게 만들어 주는 방법은 이번에는 옳지 않다. 달팽이놀이는 10cm만 폭을 넓혀도 규격이 1m 가까이 늘어난다.

　이럴 때 고학년은 뛰는 속도를 줄여 주는 방법이 있다. 한 발 뛰기로 규칙을 바꿔 주어 달리는 속도를 줄여 부상 위험도 낮추고, 균형감각도 늘려 주면 일거양득이다. 만약 발을 바꾸거나 두 발이 땅에 닿으면 가위바위보에서 진 것과 똑같이 그 팀의 다음 주자 차례가 된다.

3. 사방치기, 9칸 사방치기

▶ 사방치기

▶ 9칸 사방치기

　사방치기는 1930~40년대에 전국적으로 유행했다. 그리기도 쉬워 땅에 돌이나 발로 쓱쓱 그리거나, 아스팔트 위에 분필로 그려 한참을 놀았다. 다 논 다음에는 발로 선 자국을 비벼 지우곤 했다. 사방치기는 놀이 방법이 단순하고, 좁은 공간에서 많이 움직이지 않아도 돼 학교의 틈새 공간에 그리기 좋다. 학교에 사방치기를 그릴 때는 다양한 모양을 그려 아이들이 질리지 않게 한다. 기본적인 8칸 사방치기와 독특한 9칸 사방치기를 몇 개 그리고, 숫자 대신 알파벳을 적으면 아이들이 자연스럽게 익힐 수 있다.

사방치기 그리는 법

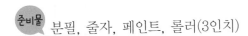

준비물 분필, 줄자, 페인트, 롤러(3인치)

방법

① 분필로 세로 120cm, 가로 210cm의 직사각형을 그린다.

② 1, 2, 7, 8은 세로 60cm, 가로 45cm의 직사각형으로 그린다.

③ 그 뒤 가운데 정사각형 양 꼭짓점을 기점으로 대각선을 그린다.

④ 7, 8번 칸 위에 반원 모양의 하늘을 그린다.

⑤ 롤러에 페인트를 묻혀 분필로 그린 선 위에 진하게 그린다.

⑥ 페인트가 마르면 1~8 숫자를 칠한다. 숫자를 페인트로 바로 그리기 보다는 A4용지에 숫자를 인쇄하고 검은 부분을 파낸 종이를 땅에 대고, 페인트를 실크스크린 방식으로 칠하면 깔끔한 숫자 모양이 바닥에 새겨진다.

반칙

• 준비물 : 돌 또는 사각형 모양 막대

1. 이동하다가 발로 선을 밟거나 칸을 넘어가면 다음 친구에게 기회가 주어진다.
2. 돌이 선에 걸치거나 번호 칸에 정확히 들어가지 않아도 다음 친구에게 기회가 주어진다.
3. 돌을 잡을 때 손이 땅에 닿으면 다음 친구에게 기회가 주어진다.

규칙

1번 칸에 돌을 던져 넣은 다음, 한 발로 2번 칸에 선다.

서 있던 발로 3번 칸으로 점프하여 이동한 뒤 4번과 5번 칸에 각각 한 발씩 양발로 선다.

2번 칸에 섰던 발로 6번 칸으로 점프하여 이동하고, 7번과 8번 칸에 각각 한 발씩 양발로 선다.

7번과 8번 칸에서 점프하여 뒤로 돈 후 왔던 방향과 반대로 돌아온다. 2번 칸에서 한발로 서서 1번 칸에 던져 둔 돌을 집고 들어온다.

성공 시 2번부터 8번까지 돌을 던지고 앞의 방법과 동일하게 반복한다.

9칸 사방치기 그리는 법

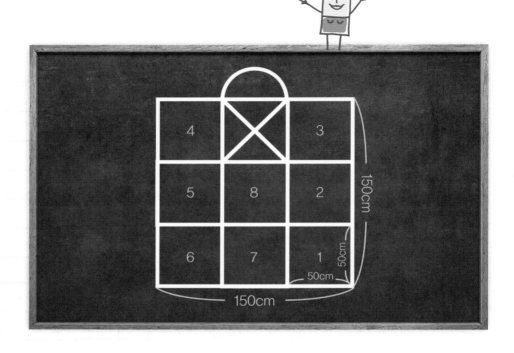

준비물 분필, 끈, 줄자, 페인트, 롤러(3인치)

방법
① 분필로 가로 150cm, 세로 150cm 정사각형을 그린다.
② 50cm 간격으로 가로, 세로줄을 그려 총 9칸을 만든다.
③ 가운데 줄의 가장 위 칸에 X자 표시를 한다.
④ X자 표시한 칸의 위로 반원을 그려 하늘을 만든다.
⑤ 롤러에 페인트를 묻혀 분필로 그린 선 위에 진하게 그린다.
⑥ 페인트가 마르면 1~8 숫자를 칠한다.

☆ 반칙

규칙

발로 돌을 차서 1번 칸에 넣는다.

1번 칸에서 8번 칸까지 돌을 차서 이동한다.

1, 3, 4, 6, 8번 칸에서는 두발로 쉴 수 있다.

3, 8번 칸은 X자를 넘어가야 한다.

하늘까지 가면 발등에 돌을 올려놓고, 위로 차올려 잡는다.

왔던 방법으로 똑같이 돌아서 1번 칸으로 나간다.

한 걸음 더 고민하기

　사방치기와 9칸 사방치기를 보면서 어떤 아이디어가 떠오르지 않았는가? 사방치기는 전국에서 유행하던 놀이이고, 9칸 사방치기는 사방치기를 응용한 놀이이다. 그렇다는 이야기는 사방치기를 중심으로 다양한 응용 놀이를 만들 수 있다는 뜻이다. 사방치기는 돌을 원하는 구역 안으로 던지고, 한 발로 뛰어넘는 놀이이다. 어떠한 모양이든지 칸으로만 되어 있으면 돌을 던지고, 한 발로 뛰어가거나, 발로 돌을 차서 놀이를 할 수 있다.

　예를 들어 8자놀이나 S자놀이에 칸을 긋고, 사방치기처럼 하면 또 하나의 재미있는 놀이가 될 수 있다. 각 팀이 S자의 양 끝에서 출발하여 먼저 상대 팀의 출발점에 도착하면 이기는 놀이를 할 수도 있고, 8자놀이에 칸을 만들고 그 칸에서 서로 만나면 뛰어넘어야 한다는 규칙을 만들고 해도 된다.

　이처럼 놀이는 응용이 필요하다. 처음부터 완벽하게 만들어진 놀이는 없다. 놀이가 또 다른 놀이를 만들고, 다시 다른 놀이를 만들었다. 놀이를 새롭게 응용할 때는 가급적 아이들이 생각해 보도록 하는 것이 좋다. 아이들이 놀이를 지루해 할 때쯤 어떻게 하면 더 재미있어질까 함께 고민해 보자. 도구를 바꿀지, 사람이나 공간에 변화를 줄지 고민해 보고, 또 다른 놀이를 만들어 보면서 창의력을 기를 수 있다. 이렇게 꾸준히 응용을 하다 보면 시야가 넓어져 누군가가 만들어 낸 틀에서 적응하는 것이 아니라 시스템을 이해하고 자신이 새로운 시스템을 만드는 사람이 될 가능성이 높다.

학교에서 사방치기 놀이를 할 때 3~4인을 한 모둠으로 구성하는 것이 좋다. 한 명씩 도전하는 놀이이기 때문에 대기하는 친구가 많으면 자신의 차례가 잘 오지 않아 재미가 없고, 두 명이 하면 의외로 재미가 덜하다. 한 학급당 아이들이 24명 정도이니 학교에 사방치기를 그릴 때, 최소 6개 이상 그려 주면 한 반이 동시에 사방치기를 즐길 수 있다. 사방치기용 돌은 주위에서 찾아 활용해도 되고, 비석치기용 정사각형 모양 막대를 활용해도 좋다. 돌이 불규칙한 모양이면 여기저기 튀었을 때 찾기 어려워 놀이에 방해가 되기도 해 넓적한 돌이나 막대를 활용하는 것이 여러모로 편하다.

팀을 짜서 경쟁을 해 보자

사방치기는 한 명이 놀이하는 동안 다른 친구들은 지켜봐야 하는 놀이이다 보니 지루해질 때가 있다. 이럴 때 2개의 사방치기 그림을 그리고 팀을 짜서 릴레이 형식으로 어느 팀이 더 빨리하나 내기를 하면 긴박함을 줄 수 있어 놀이가 더 재미있어진다. 그리고 나만 잘해야 이기는 놀이가 아니고 우리 팀이 잘해야 하는 놀이로 바뀌기 때문에 친구들 간의 단결심이 길러질 수 있다.

4. 오징어놀이

오징어놀이의 유래는 알 수 없지만 1970년대에 가장 활발하게 이루어졌던 놀이로 추정된다. 지역에 따라 놀이의 그림이 조금씩 다른데 크게 서울식과 부산식으로 나눈다. 운보다는 친구들과의 호흡과 협동심, 눈속임 동작, 상대의 판단을 흐리게 하는 동시 동작 등 많은 전략이 요구된다.

오징어놀이 그리는 법

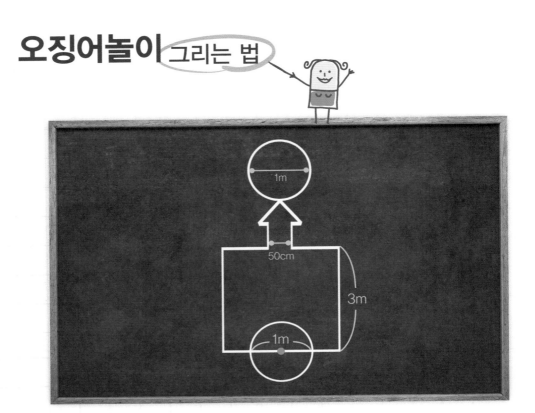

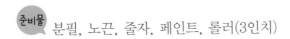

준비물 분필, 노끈, 줄자, 페인트, 롤러(3인치)

방법
① 분필로 한 변이 3m인 정사각형을 그린다.
② 한 변의 가운데 부분에 50cm 폭의 오징어 목을 그린다.
③ 오징어 목의 150cm 정도 위에 지름 1m 원을 그려 머리를 만든다.
④ 오징어의 머리를 그린 반대쪽 변 가운데 지점에 분필 한 끝을 고정하고 지름 1m 원을 그린다.
⑤ 롤러에 페인트를 묻혀 분필로 그린 선 위에 진하게 그린다.

규칙

1

6~10명을 공격과 수비로 나눈다. 공격팀은 오징어 머리부분 원에 모여 시작한다. 여기에는 수비팀이 발을 더딜 수가 없다.

2

수비팀은 오징어 내부에 들어가 있는다. 공격과 수비는 바깥마당으로 나올 때 외발로 나와서 맞서 싸워 쓰러뜨린다.

3

공격은 다리(목)를 가로로 건너면 '사람'이 되고 그 때부터는 두 발로 다닐 수 있다.

4

금을 밟거나 손이나 두 발이 땅에 닿으면 죽는다. 죽은 사람은 밖으로 나온다.

5

공격은 수비의 문을 통해 긴 편 집을 지나 자기편 집으로 들어가면 이긴다.

6

어느 편이든 모두 죽으면 상대편의 승리가 된다.

한 걸음 더 고민하기

　보도블록이나 도로 위에 페인트로 그리는 일이 없어야 한다. 잡아당기는 거친 놀이이다 보니 넘어지면 다치기 쉽고, 친구들끼리 싸우는 계기가 되기 때문이다. 놀이를 하기에 가장 좋은 장소는 야외 농구장에 있는 녹색 우레탄 코트이다. 적당히 폭신하기 때문에 넘어져도 살이 쓸리거나 옷이 찢어지는 일이 없어 거친 놀이를 하기에 적당하다. 학교에 우레탄 코트가 없다면 폭신한 모래밭이나 강당에 매트를 깔고 해도 된다. 오징어놀이는 넓이가 놀이에 영향을 미치지 않기 때문에 모래 위에 대략 그리거나 강당이나 매트 위에 접시콘을 깔아 놓고 진행해도 된다.

　오징어놀이는 아이들 간의 협동과 전략이 매우 중요한 놀이이다. 살아있는 친구의 숫자에 따라 전략을 바꿔야 하고, 상대를 유도해 내기 위해 꾀어냄 등의 전략이 필요하다. 수비팀은 공격팀을 아웃시켜야 다음에 공격팀이 되므로 공격팀을 쫓아다닐 수밖에 없다. 공격팀은 밖으로 나가서 수비팀을 밖으로 유인하는 것이 좋다. 수비팀이 밖으로 나와서 안쪽 수비가 약해졌을 때 공격팀의 한 명이 오징어 목 부분을 가로지르면 사람이 되어 두 발로 다니게 되고 빠른 속도로 오징어 아래 출입구로 들어가 오징어 머리 쪽에 있는 만세통을 밟으면 이기게 되기 때문이다.

　반대로 수비팀은 오징어 목 부분과 만세통으로 진입하는 부분에는 반드시 강한 수비수를 두어야 한다. 만약 방심하거나 공격팀의 유도에 끌려 나오면 질 수밖에 없다.

　그래서 이 목 부분에서 더 과격해지기 때문에 이를 해결하기 위해서는 참가인원 숫자를 줄여 빈틈이 많아지도록 하거나 오징어 그림을 크게 그려 수비할 곳이 더 많도록 해야 충돌과 부상을 줄일 수 있다.

잡아당기기 대신 다른 방법을 찾자

오징어놀이의 가장 큰 묘미는 수비의 당김을 피해 목적지에 도착하는 것이다. 그런데 당기다 보면 아이들이 바닥에 넘어지게 된다. 흙바닥이나 보도블록에 넘어지면 살이 쓸리거나 옷이 찢어질 염려가 있다. 이를 방지하기 위해서 잡아당기기 대신 터치하는 것으로 규칙을 바꾸면 부상에 대한 걱정 없이 더 재미있게 놀이에 집중할 수 있다.

5. 개뼈다귀 놀이

개뼈다귀놀이는 수비팀이 개뼈다귀 밖에서 공격팀이 출발점에서 도착점으로 도달하지 못하도록 당기거나 민다는 점에서 오징어놀이와 비슷하다. 다만 개뼈다귀놀이가 오징어놀이보다 움직임의 범위가 좁고, 규칙이 단순하다. 널찍한 공간에 그려 다른 놀이를 하는 친구와 부딪히지 않도록 배려한다. 놀이의 전체 인원은 6명에서 10명 사이가 적당하고, 아이들의 덩치를 고려하여 팀을 나누어 준다.

개뼈다귀놀이 그리는 법

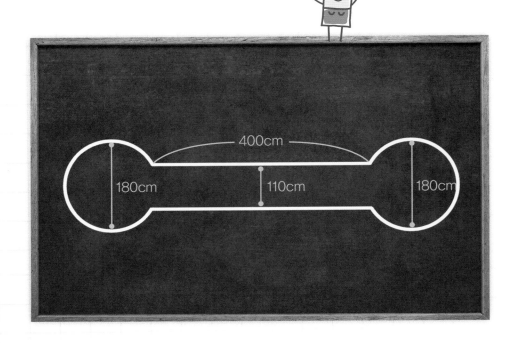

준비물 분필, 노끈, 줄자, 페인트, 롤러(3인치)

방법 ① 지름이 180cm인 원을 하나 그린다.

② 그 원의 중심에서 580cm 떨어진 곳에 중심을 잡고 지름이 180cm인
　 원을 하나 더 그린다.

③ 원과 원 사이에 폭이 110cm, 길이가 400cm인 두 선을 긋는다.

공격팀과 수비팀으로 나누고, 공격팀은 개뼈다귀 안에 수비팀은 밖에 위치한다.

공격팀은 개뼈다귀 한쪽 원에서 반대쪽 원으로 달려갔다 돌아온다. 서로 밀거나 당겨서 상대팀의 영역으로 넘어가면 죽는다.

공격팀에서 한 명이라도 출발점과 도착점을 정해진 숫자만큼 왕복하면 팀원 모두가 살아난다.

수비팀은 상대를 모두 걸어내면 공격과 수비가 바뀐다.

⭐ 반칙

1. 이동하다가 발로 선을 밟거나 상대팀 영역으로 넘어가면 아웃이 된다.

한 걸음 더 고민하기

　보통 개뼈다귀 모양을 그릴 때 통로의 폭을 1m로 하는 경우가 많다. 그 이유는 밖에서 잡힐 듯 말 듯한 거리가 적당하기 때문인데 학년이 높아질수록 팔의 길이가 길어지고, 아이들이 허리를 숙여 잡기 때문에 1m는 잡히기 쉬워 공격팀에게 불리하다. 폭을 10cm 정도 늘리면 수비팀이 공격팀을 잡기가 조금 더 어려워지므로 부상 위험이 적고, 적극적으로 공격해도 안전하게 진행된다.

　경기하기 전에 공격팀이 몇 번 왕복할지를 정한다. 예를 들어 5번 이상 왕복하면 이긴다거나 10분이 지났을 경우 공격팀과 수비팀을 교체해 주는 것으로 규칙을 정한다. 횟수와 시간에 제한을 두지 않으면 놀이가 다소 지루해질 수 있다. 시간을 제한하면 공격팀이 초조해지므로 무리해서 돌파하게 되고, 이때 수비팀이 쉽게 수비할 수가 있다. 그러면 자연스럽게 공격과 수비의 교체가 빈번해지고 아이들이 놀이에 집중하고 재미있어 하게 된다.

　개뼈다귀놀이도 전략을 잘 써야 한다. 공격팀은 팀원 전원이 개뼈다귀를 왕복할 필요가 없다. 한 명만 왕복해도 되기 때문에 전략적으로 한 명을 정해 그 팀원이 왕복을 할 수 있도록 다른 팀원들이 수비팀을 방해하고 버텨 주어야 한다. 수비팀은 공격팀의 전략을 이해하고 협공하여 버티고 있는 친구를 한 명씩 밖으로 끌어내거나 왕복하는 친구를 기다렸다가 잡아당겨야 이길 수 있다.

벙어리장갑을 끼고 해 보자

　오징어놀이도 개뼈다귀놀이도 서로 잡아당기기 때문에 옷이 늘어나거나 넘어지는 일이 발생한다. 아이들이 클수록 악력이 좋아져서 한 번 잡으면 잘 놓치지 않는데 이 때 벙어리장갑을 끼고 하면 악력이 많이 약해지게 된다. 그러면 부상의 위험이 줄어 아이들이 더 재미있게 놀이에 참여할 수 있다.

6. 와리 가리 놀이

'와리가리'라는 단어는 국어사전에는 등재되어 있지 않다. 아마도 왔다 갔다 하는 놀이 방법에서 유래된 이름이 아닐까? 놀이 방법이 야구에서 도루하다 걸렸을 때 하는 행동과 비슷해 유소년야구학원에서도 종종 하는 놀이이다. 야구가 인기를 끌면서 아이들이 방법과 규칙을 변형하며 비슷하게 따라 하기 시작한 것이 놀이의 시작이 아닌가 추측된다.

와리가리놀이 그리는 법

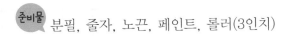

준비물 분필, 줄자, 노끈, 페인트, 롤러(3인치)

방법
① 1m 길이의 노끈을 준비한다.
② 노끈의 양 끝에 분필을 각각 묶는다.
③ 노끈 한쪽 끝에 묶어둔 분필을 고정하고, 반대편 분필로 동그랗게 원을 그린다.
④ 줄자를 이용해 15m 거리를 두고 똑같은 크기의 원을 하나 더 그린다.
⑤ 롤러에 페인트를 묻혀 분필로 그린 선 위로 진하게 한 번 더 그려 준다.

규칙

! 먼저 20점을 내는 팀이 이기게 된다.

공격팀과 수비팀으로 나누고 공격팀은 출발점으로 정한 원 안에 있는다.

공격팀은 도착점으로 정한 원을 찍고 다시 출발점으로 돌아오면 1점을 얻게 된다.

수비팀은 출발점과 도착점 사이에서 공을 던지고 받으며 공을 쥔 손으로 공격팀 선수를 터치하여 아웃시킨다.

아웃된 친구는 밖으로 나와 대기한다.

공격팀에서 3명이 아웃되면 공격과 수비를 교대하고, 점수는 계속 이어진다.

한 걸음 더 고민하기

와리가리놀이는 말랑한 공 하나만 있어도 여러 명이 함께 놀 수 있고, 달리면서 긴장감도 생겨 민첩성과 협응성을 길러 준다. 놀면서 공을 던지고 잡는 기술을 자연스레 습득할 수도 있어 체육 시간에 활용해도 좋다.

와리가리는 인원의 제한이 없고, 아웃이 되지 않는 이상 쉬지 않고 놀이에 참여할 수 있다. 또 수비팀은 공격팀에서 언제 누가 어떻게 나올지 알 수 없어 내내 긴장하게 되고, 공격팀은 혹시나 아웃이 될까 봐 마음 졸이게 된다. 이런 묘미 때문에 한 번 하게 되면 아이들이 매번 하자고 조르는 놀이이다.

여기에서 고민할 점은 인원수가 늘어남에 따라 공격팀이 불리해진다는 것이다. 공은 하나이니 한 명밖에 아웃을 시킬 수가 없는데 공격팀은 인원이 많으니 여러 명이 동시에 쏟아져 나오면 대량득점이 가능해진다. 예를 들어 12명씩 팀을 나누었다고 하면 공격팀의 12명은 언제든지 뛰어나갈 수가 있지만, 수비팀의 경우 공을 주고받는 친구는 2명이고, 나머지 10명은 공이 없으니 공격팀을 아웃시킬 수 없다. 게다가 수비를 잘하기 위해서는 공을 잘 받는 두 친구 위주로 주고받을 가능성이 크다 보니 공을 잘 못 받는 친구들은 수비 시에 꾸다 놓은 보릿자루 역할만 하게 된다.

이를 방지하기 위해서 공격팀 4명당 공 1개로 놀이를 운영하면 모두가 놀이에 참여할 수 있다. 예를 들어 공격팀 인원이 1~4명이면 공 1개, 5~8명이면 공 2개, 9~12명이면 공 3개를 던질 수 있다고 규칙을 정하면 공을 잘 못 받는 친구도 공을 던지고 받아볼 기회가 생기고 행여 공을 못 받고 놓치더라도 팀원들이 공을 던지고 받고 있기 때문에 팀에 부담이 덜하게 된다.

와리가리는 운보다 전략이 더 필요한 놀이이다. 수비팀은 기본적으로 공을 잘 던지고 받아야 하며 공격팀의 전략을 눈치채고 공격팀의 유도에 응하는 척하면서 실제로 건너가려는 공격 팀원을 아웃시켜야 수비를 쉽게 할 수 있다. 공을 던지거나 받는 실력이 떨어지면 아이들이 공을 들고 뛰어다니며 아웃시키려는 경향이 있는데 막상 하다 보면 체력만 소진되고, 효과가 없음을 자연스럽게 느끼게 될 것이다.

공격팀은 동시에 여러 명이 움직이는 것이 좋고, 민첩한 아이 한 명이 구석으로 뛰어가서 수비팀을 유도하고, 공격팀의 시선과 공이 그 아이에게 쏠린 틈을 타 나머지 친구들이 건너가는 것이 가장 득점을 많이 하는 방법이다. 어차피 세 번까지 죽었다 살아날 수 있으니 아웃을 걱정하지 말고 가능한 득점을 많이 내면 유리하게 놀이를 이끌어 갈 수 있다.

공은 말랑한 스펀지공이나 티볼공이 좋다

와리가리 놀이에서 중요한 핵심은 공을 던지고 받는 기술이다. 그런데 공이 단단하면 받다가 다치거나 공격팀 친구가 맞아 다칠 수가 있다. 그러므로 말랑한 공을 이용하여 아이들이 공을 받거나 맞는 데 부담이 없게 해 주어야 한다. 저학년의 경우 작은 공은 빨리 날아오기 때문에 잘 못 받는다. 그러므로 작은 공보다는 탱탱볼이나 말랑한 핸드볼용 공을 사용하여 공을 받기 쉽게 해 주는 것이 좋다.

오징어놀이, 개뼈다귀놀이와 함께 과격한 놀이 3대장으로 꼽힌다. 몸으로 밀치기, 손으로 당기기, 빠르게 달려가기, 옷을 끄집어 막기, 다리 걸기, 되돌려치기 등 씨름에 가까운 기술까지 등장하다 보니 아이들 몸이 성할 리가 없다. 과격한 아이들은 넘어지고, 옷이 찢어지고, 가끔은 코피를 흘리면서도 재미있어 한다. 요즘은 정서상 거칠게 할 수 없어 몸싸움이 일어나지 않도록 놀이 규칙을 수정했다.

십자가놀이 그리는 법

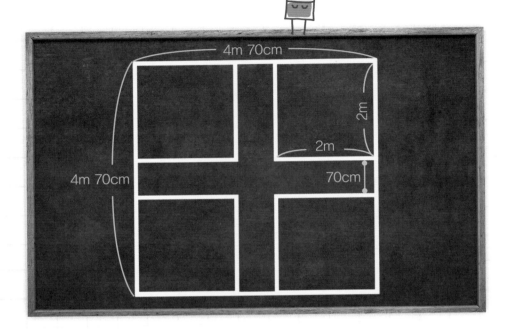

 준비물 분필, 줄자, 페인트, 롤러(3인치)

방법 ① 분필로 가로 4m 70cm, 세로 4m 70cm 정사각형을 그린다.

② 정사각형의 각 모서리에 가로 2m, 세로 2m 정사각형을 4개 그린다.

③ 가운데 통로의 폭은 70cm가 되게 한다.

④ 롤러에 페인트를 묻혀 분필로 그린 선 위에 진하게 한 번 더 그린다.

• 준비물 : 나무 막대

1

공격팀(4~6명)과 수비팀(4~6명)을 나눈다. 공격팀은 사각형 하나에 X자를 그리고 시작한다.

2

수비팀은 통로를 몸으로 막아 공격팀이 다음 칸으로 넘어가지 못하게 한다.

3

공격팀은 한 뼘 길이의 나무 막대를 이동할 사각형에 던진다. 수비팀에게 터치되지 않고 나무 막대를 던진 칸으로 이동한다. 통로를 뛰어넘거나 경기장 밖으로 동서남북을 외치며 네 발 안에 들어가야 한다.

4

수비팀은 날아오는 나무 막대를 손으로 쳐내서 밖으로 떨어뜨려 던진 사람을 아웃시키거나 공격팀을 손으로 터치하여 아웃시킬 수 있다.

5

한 칸씩 이동하여 한 바퀴를 돌아 처음 칸으로 돌아오면 죽은 친구를 한 명 살릴 수 있다.

6

공격팀이 모두 아웃되면 공격과 수비를 교대한다.

한 걸음 더 고민하기

　십자가놀이를 오징어놀이처럼 하던 시절에는 십자가 영역의 길이가 중요하지 않았다. 공격팀은 통로를 돌파하여 정사각형을 이동해야 하니 수비팀과 몸싸움을 피할 수가 없었다. 이때에는 몸집이 큰 친구가 유리했다. 몸집이 큰 친구를 전면에 내세우고 재빠른 친구들이 돌아 들어가면 쉽게 점수를 낼 수 있었다. 그런데 몸집이 큰 친구들은 놀이에 끼지 못할 때가 많았다. 몸집이 큰 친구는 힘도 세 상대팀 아이들이 쉽게 다칠 수 있다는 것을 알기에 같이 놀지 않으려 하기 때문이다.

　하지만 터치만 해도 아웃이 된다고 규칙을 바꾼 다음에는 놀이가 좀 달라졌다. 우선 아이들의 몸집이 중요하지 않다. 대신 통로의 길이가 중요하다. 만약 통로가 넓으면 아이들이 네 발 안에 다음 사각형으로 돌아 들어가기 어렵고, 수비팀도 공격팀을 터치하기 어려워진다. 반대로 통로가 좁으면 반대 상황이 벌어지기 때문에 적당한 길이로 그리는 것이 중요하다.

　공격팀은 나무 막대를 잘 던지는 것이 가장 중요하다. 만약 나무 막대가 통로 근처에 떨어진다면 어떤 일이 벌어질까? 수비팀에서 나무 막대 위로 손을 휘젓는다면 공격팀 친구는 영락없이 아웃이 될 수밖에 없다. 안전하게 좀 더 깊숙이 넣겠다고 길게 던졌다가는 영역 밖으로 나가서 던진 친구가 아웃될 수도 있다.

　수비팀은 반대로 공격팀이 나뭇가지를 정확히 던지지 못하도록 벽을 잘 쌓는 것이 유리하다. 터치하겠다고 벽을 무너뜨리지 말고, 벽을 견고하게 잘 쌓아서 나뭇가지가 정확한 지점에 떨어지지 못하도록 방해하는 전략이 훨씬 이길 확률이 높아진다. 이러

한 전략은 굳이 알려줄 필요 없이 아이들이 한번 해 보고 스스로 느끼도록 하는 것이 좋다. 스스로 놀이를 통해서 전략과 전술을 익히고 문제해결력과 창의력을 기르는 것이 이 놀이의 목적 아닌가?

꼭 사각형일 필요는 없다

도시학교는 의외로 빈 곳이 별로 없다. 온갖 수업을 위해서 자투리땅도 활용하기 때문에 전통놀이를 모두 그릴 만한 공간이 나오지 않는다. 십자가놀이를 땅에 그리지 않고 삼국지 피구장에서 할 수 있다면 공간을 절약할 수 있을 것이다. 원 안에 그린 선을 50cm 정도 통로를 두고 그리면 삼국지피구도 할 수 있고, 십자가놀이도 할 수 있다. 대신 십자가란 이름은 포기해야 할 듯싶다. 자동차 핸들놀이라고 애매하게 불리는 대신 공간이 절약되니 그 정도 희생은 해도 괜찮지 않을까?

8. 비석치기

비석치기의 유래는 꽤 재미있고 설득력이 있다. 옛날 벼슬아치들이 자기 지위를 과시하기 위해 비석거리를 만들었는데 이들의 지배에 시달렸던 농민들이 거리를 지날 때마다 화가 나서 비석을 발로 걷어찬 것에서 시작되었다고 전해진다. 사람에겐 막대를 쥐면 휘두르고 싶고, 무언가가 서 있으면 돌을 던져 맞추고 싶은 본능이 있는데, 이 비석거리를 지나던 농민과 아이들이 비석에 돌멩이를 던져 맞추고 싶은 심정이었던 모양이다.

비석치기 그리는 법

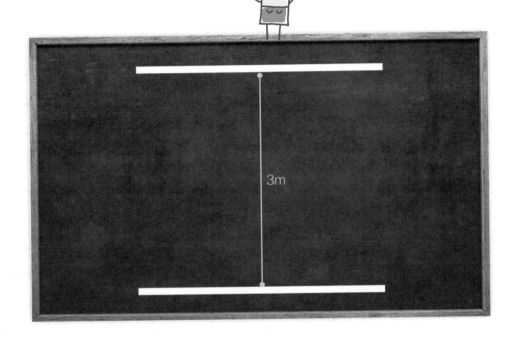

3m

준비물 분필, 줄자, 페인트, 롤러(3인치)

방법 ① 3m 간격을 두고 분필로 마주보는 선을 두 줄 그린다.
② 두 줄의 길이는 아이들이 나란히 설 수 있을 만큼이면 된다.
③ 롤러에 페인트를 묻혀 분필로 그린 선 위에 진하게 그린다.

• 준비물 : 비석돌, 비석을 맞출 돌

한쪽 선 끝에 비석돌을 세우고 3m 떨어진 선에서 돌을 던져 맞힌다.

성공하면 발등에 돌을 얹고 가서 비석돌을 맞힌다.

성공하면 무릎 사이에 돌을 끼고 가서 비석돌을 맞힌다.

그 다음은 팔꿈치, 배 위, 가슴 위, 어깨 위, 머리 위 등의 순서로 비석돌을 맞힌다.

이동하다 돌을 떨어뜨리거나, 비석돌을 맞히지 못하면 다시 돌아가서 시도한다.

순서대로 가장 먼저 비석돌을 모두 맞힌 사람이 이긴다.

한 걸음 더 고민하기

비석치기는 선 긋기도 단순하고 놀이 방법도 단순하다. 일정 거리에서 돌을 던져 비석돌을 맞히거나 돌을 몸의 어딘가에 얹고 가서 떨어뜨려 비석돌을 맞힌다. 방법이 단순하므로 어린아이들도 금방 할 수 있다. 단점은 단순해서 아이들이 금방 흥미를 잃을 수 있다. 어떻게 하면 아이들이 좀 더 흥미를 느낄 수 있을까 고민하며 도구를 바꾸어 볼까 생각해 보았지만, 놀이가 크게 달라지지 않을 것 같았다.

두 선 사이를 직선으로 걸어가서 돌을 떨어뜨리는 놀이이다 보니 과정이 단순해 금방 지루해질 수도 있겠다는 생각이 들어 S자놀이를 활용하여 보았다. S자의 가운데에 비석돌을 세우고, 두 팀이 양 끝에서 출발하는 릴레이 형식으로 놀이를 하는 방법으로 변형하면 직선이 아니라 곡선으로 이동해야 하니 비석을 떨어뜨리기가 더 쉬워 놀이의 난이도가 상승한다.

놀이의 난이도를 단계별로 높이려면 1단계는 쉬운 직선 구간, 2단계는 S자 구간, 3단계는 깡충깡충 뛰어 넘어야 하는 징검다리 구간으로 만들어 볼 수 있다. 1단계를 완료한 사람은 2단계에 도전할 수 있고, 2단계를 완료한 사람은 3단계에 도전할 수 있다. 그렇게 해서 1단계를 완료한 사람은 비석치기 1단이라 부르고, 2단계 완료한 사람은 비석치기 2단, 3단계를 완료한 사람은 비석치기 3단이라고 부르면 아이들끼리 도전 정신이 생겨 열심히 하지 않을까 생각했다. 결과는 대성공! 그 후로 굳이 릴레이 형식으로 하거나 친구들과 같이 하지 않아도 스스로 도전 정신을 세우고 연습하는 아이들이 생겨 비석치기 공간은 아이들로 붐볐다. 비석치기만 하기보다는 투호 같이 목표물 맞히기 놀이를 함께하면 더 효과적이다.

속도를 높여 보자

비석치기는 혼자서 하면 정말 재미가 없는 놀이이다. 여럿이 서로 경쟁하면서 누가 더 빨리하는지 내기를 하면서 해야 재미가 있다. 팀당 3~4명씩 서너팀이 동시에 비석치기를 하면 속도가 붙어 스릴감이 더해진다. 빠른 비트의 음악을 틀어 주면 아이들의 놀이 속도가 더 빨라지고, 흥이 난다.

투호는 고구려, 백제의 왕실과 상류층 사람들이 즐겼던 놀이이다. 조선시대 임금이 경회루에서 했었다는 기록이 있고, 사가에서는 잔칫날 즐겨 했다. 운동회 때 릴레이 경기에 투호를 넣으면 재미있다. 아이들이 마음은 급한데 화살이 화살통에 잘 안 들어가서 조급해 하기 때문이다. 신기한 것은 마음이 급할수록 화살이 더 안 들어간다. 그래서 옛 조상들은 마음을 차분히 하고 집중하기 위해서 투호를 하지 않았을까?

투호 그리는 법

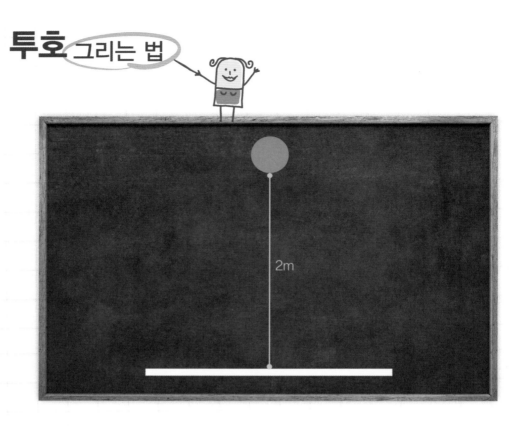

2m

 분필, 줄자

방법 ① 2m 간격으로 분필로 마주 보는 선을 두 줄 그린다.
② 한쪽에는 화살통을 세우고 마주 보는 쪽에 선을 그린다.

• 준비물 : 화살, 화살통

화살통을 세우고 2m 거리에 선을 그린다.

선 밖에서 화살을 5개씩 던져 본다.

몇 개씩 들어갔는지 친구들과 세어 본다.

5개를 다 던진 후 떨어진 화살을 주어 뒤에 서 있는
친구에게 준다.

한 걸음 더 고민하기

　많은 학교에서 저학년 활동으로 투호놀이를 한다. 놀이 방법이 쉬워 어린 아이들도 쉽게 할 수 있기 때문이다. 투호는 1~2m 앞에 화살통을 두고 화살을 던져서 넣는 놀이로 누가 더 많이 넣나 내기를 할 수 있다. 화살통의 거리를 조절하면서 난이도를 조절할 수도 있다.

　투호를 굳이 밖에서 하지 않아도 된다. 실내에서도 투호놀이를 할 수 있게 화살과 화살통의 규모를 줄여 연필꽂이에 나무젓가락을 던지면 미니 투호놀이가 된다. 그러면 책상 위에서도 투호놀이를 할 수 있다. 교실놀이나 간단하게 팀을 정할 때 활용할 수 있다.

　놀이의 규모에 따라 교실놀이가 되기도 하고, 강당놀이, 운동장놀이가 될 수도 있다. 화살 대신 150cm의 폴대를 사용하고, 화살통 대신 냉장고 박스 등을 세워 놓은 뒤, 5m 거리에서 폴대를 던지면 거대 투호놀이로 탈바꿈한다. 운동회나 이벤트경기 시 거대 투호놀이를 하면 아이들의 흥미를 북돋을 수 있다.

　이렇게 크기를 줄이거나 늘리는 것만으로도 아이들의 흥미는 더 커진다. 비슷한 사례로 아이들이 좋아하는 피구를 할 때, 피구공 대신 탁구공으로 하거나 얌체공으로 하는 방법도 있고, 짐볼을 활용하여 거대 피구놀이를 할 수도 있다.

굳이 돈 주고 사지 말자

투호놀이의 가격이 조금 비싼 편인데 굳이 돈을 주고 살 필요 없이 40cm 정도 길이의 나뭇가지를 플라스틱 통에 넣어도 효과는 똑같다. 전통놀이나 추억놀이 대부분이 주변에서 쉽게 구할 수 있는 것으로 하던 놀이라는 점을 잊지 말자. 주변에서 놀이재료를 구하는 연습을 해야 어디서든지 응용놀이를 만들어 내는 창의력을 기를 수 있다.

10. 자치기놀이

인도, 라오스, 베트남에도 자치기와 비슷한 놀이가 있다. 우리나라는 조선시대 이전부터 전해졌다. 긴 막대기(어미자)로 짧은 막대기(새끼자)를 치는 단순한 놀이이기 때문에 주변에서 언제든지 구할 수 있는 막대기 두 개와 넓은 땅만 있으면 언제든지 할 수 있다. 도구가 없어도 즉석에서 놀이할 수 있다는 점은 놀이가 확대되는 데에 매우 큰 장점이다.

자치기 그리는 법

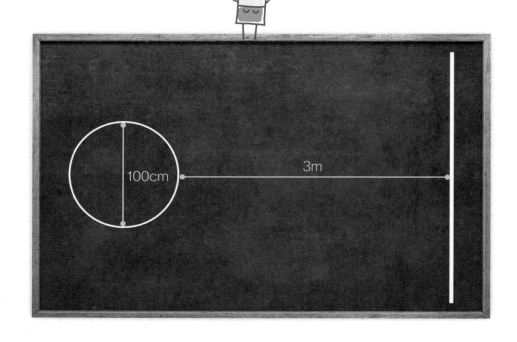

 준비물 돌멩이 또는 막대기

 방법 ① 지름이 100cm 정도 크기의 원을 그린다.

② 원에서 3m 정도 떨어진 곳에 선을 그린다.

③ 30cm 정도 길이의 긴 막대기(어미자)와 10cm 정도 길이의 짧은 막대기 (새끼자)를 준비한다.

- 준비물 : 긴 막대기(어미자), 짧은 막대기(새끼자)
- 인원 : 8~10명

1 공격팀과 수비팀으로 나누고, 수비팀은 선에 서서 새끼자를 원 안으로 던진다.

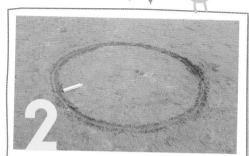

2 공격팀은 새끼자가 떨어진 위치에 따라 공격할 수 있는 횟수가 달라진다. 새끼자가 원 안에 들어가면 1번, 선에 걸치면 2번, 원 밖에 떨어지면 3번의 공격 기회를 얻는다.

3 공격팀이 원 안에서 어미자로 새끼자를 쳐서 보내면 수비팀은 새끼자를 잡는다.

4 공중에서 잡으면 아웃이 되고, 새끼자가 굴러갈 동안 원쪽을 향해 발로 차도 된다.

5 공격이 성공하면 어미자로 거리를 잰다. 예를 들어 어미자의 20배 거리면 20점을 얻는다.

6 각각 공격과 수비를 번갈아 하며 목표점수를 먼저 얻는 팀이 승리한다.

한 걸음 더 고민하기

  자치기는 어미자로 새끼자를 쳐서 멀리 나가게 하고, 얼마나 멀리 갔는지 어미자로 재어 점수를 내는 놀이다. 공격팀과 수비팀이 있고, 날아가는 막대를 잡으면 아웃이 되고 잡지 못하면 점수를 낸다는 점에서 야구와 비슷한 점이 많다. 자치기 말고도 짬뽕, 우유갑 야구 등 야구와 비슷한 놀이가 꽤 많은데, 야구에 대한 열망은 있으나 야구 장비가 비싸다 보니 단순한 도구로 야구처럼 놀 수 있는 응용 놀이가 생겨난 것이 아닌가 추측한다.

  지금은 보급용 장비가 많아졌지만 80~90년대만 해도 야구 글러브나 배트는 비싼 물건이었다. 야구공도 비싸 테니스공을 이용하는 수준이었다. 문제는 테니스공은 정확하게 스트라이크를 던지기 어려워 공을 제대로 던지는 아이들이 없으니 타자도 심심하고 수비하는 친구들도 심심해서 놀이가 흐지부지되었다. 그에 비해 자치기나 짬뽕 등은 공이나 막대가 계속 날아오니 수비도 할 맛이 나고, 공격과 수비가 모두 재미있을 수밖에 없다. 동네야구의 단점과 전통놀이의 장점을 살린 티볼이 초등학교에 전파되면서 야구형 전통놀이들이 자취를 감추게 되었다.

  자치기를 할 때 가장 고민이 많이 되는 부분은 어떻게 새끼자를 쳐서 보낼 것인가이다. 원자치기는 원 안에 서서 어미자로 누워 있는 새끼자를 쳐서 공중으로 띄운 뒤, 다시 한 번 쳐서 멀리 보내고, 구멍자치기는 5cm 깊이의 구멍을 파고 거기에 새끼자를 누인 뒤, 어미자로 퍼 올리듯이 새끼자를 쳐서 멀리 보내는 방법으로 놀이를 진행한다. 그 외에도 손으로 던져서 치는 방법 등이 있다.

  여기에서 중요한 것은 어떤 방법이 가장 정석인가 보다는 아이들이 어떤 방법으로 놀이를 할 때 쉽고 재미있게 느끼는가이다. 새끼자를 손으로 던져 올려서 어미자로

치거나, 누워 있는 새끼자를 어미자로 쳐서 공중으로 띄운 뒤 치는 방법은 어린아이들이 다소 어려워한다. 가장 쉬운 방법은 구멍을 파고 여기에 새끼자를 둔 뒤, 어미자로 퍼 올리는 방법인데 누구나 공격을 쉽게 할 수 있어서 놀이가 더 활발해진다.

점수를 내는 방법도 다르게 응용해 볼 수 있다. 공격에 성공하면, 공격팀이 수비팀에게 "몇 자?"라고 묻고, 수비팀이 짐작해서 대답한다. 예를 들어 20자라고 답했다고 가정하고, 공격팀이 이의를 달지 않으면 20자로 인정하고, 이의를 달 경우 실제로 재어 보아 20자가 넘으면 공격팀은 두 배의 점수를 얻고, 20자가 되지 않으면 공격팀은 0점을 획득하게 된다. 이렇게 어림값을 묻는 방법은 다툼의 소지가 있기 때문에 놀이하는 아이들이 잘 선택하여 방법을 결정하도록 한다.

재미보다는 안전이 먼저다

새끼자는 보통 한 쪽 끝이나 양쪽 끝을 연필처럼 깎아서 한다. 그래야 자를 띄우기가 편하기 때문인데 문제는 아이들이 새끼자를 잡으려고 하다가 얼굴에 긁히거나 눈에 찔릴 수도 있다. 놀이도 중요하지만, 안전은 더 중요하기 때문에 나무를 자르지 않고 그냥 사용하거나 플라스틱 막대를 사용하고, 양 끝에 고무찰흙을 붙이거나 탁구공을 잘라 끼워 넣으면 아이들이 다치는 것을 예방할 수 있다.

11. 깡통차기놀이

깡통을 차는 놀이이기 때문에 한국전쟁 이후에 생긴 놀이가 아닐까 생각했는데 실제로는 조선시대에도 했던 놀이이다. 무라야마 지준의 『조선의 향토 오락』에 평안남도 안주 지방에서 깡통차기놀이를 하고 있음이 적혀 있다. 깡통 대신 빈 두레박을 이용했고 놀이 방법은 우리가 알고 있는 깡통차기와 똑같다. 아마도 두레박은 잘 깨져 한국전쟁 이후로 쉽게 구할 수 있던 깡통으로 바뀐 것이 아닐까 추측한다.

• 준비물 : 빈 깡통 여러 개

지름 30cm의 원을 그리거나 표시를 해두고, 깡통을 세운다.

가위바위보로 술래를 정하고, 나머지 중 한 명이 깡통을 차서 멀리 보낸다.

술래가 깡통을 찾아 원 안으로 놓기 전까지 다른 친구들은 얼른 숨는다.

술래가 숨은 친구를 발견하고 위치, 이름을 부르면서 깡통을 밟으면 그 친구는 잡혀서 원 옆에 서 있어야 한다.

발견되어도 술래보다 먼저 가서 깡통을 차면 잡힌 사람 모두가 살아나고, 다른 친구가 술래 몰래 원으로 가서 깡통을 차도 잡힌 친구 모두 살아나게 된다.

술래가 모든 친구를 찾으면 놀이가 끝나고 다시 술래를 정해 시작한다.

한 걸음 더 고민하기

깡통차기는 술래잡기와 숨바꼭질이 결합이 된 흥미진진한 놀이이다. 여기에서 어떻게 변형하면 더 재미있을까? 깡통을 차다 잘못하면 땅을 차서 발목이 다칠 수 있으니 깡통 대신 푹신한 공으로 바꾸는 방법이 있다. 마찬가지로 공이 작으면 다칠 수 있으므로 피구공 크기 정도의 공이 적당하다. 오랜 시간 동안 최적화된 놀이이기 때문에 규칙도 손댈 곳이 별로 없다. 다칠 만한 요소도 없고, 신체 접촉도 없어 부상이나 다툼의 위험이 없다.

놀이 인원은 생각해 볼 필요가 있다. 술래는 한 명인데 잡아야 할 친구가 너무 많으면, 잡아 놓으면 다른 친구가 살려 주고 또 잡아 놓으면 다른 친구가 와서 살려 주기 때문에 놀이가 끝나지 않을 수 있다. 그렇다고 술래를 두 명으로 놓아도 문제가 생긴다. 한 명이 원을 지키고 있으면 잡힌 친구를 살리기가 어렵기 때문이다.

새롭게 고안한 방법은 아이들을 3팀으로 나누고, 제한시간을 두는 것이다. 이 놀이는 구경만 해도 긴장감이 있는 놀이이기 때문에 한 팀은 지켜보는 것으로 두어 참가 인원을 줄이고 술래를 돕거나 헷갈리게 만들 수 있다. 가위바위보를 통해 술래팀, 목격자팀, 도망자팀을 정하고, 도망자팀이 다 잡힐 때마다 술래팀이 바뀐다.

술래팀에서는 술래를 한 명 뽑고 나머지 친구들은 멀리서 구경만 한다. 도망자팀은 원래대로 잘 숨으면 되고, 목격자팀은 움직일 수 없고, 술래의 질문에만 네, 아니요로 대답할 수 있으나 술래에게 진실이 아닌 거짓말도 할 수 있다. 술래가 도움을 얻을 수도 있지만 헷갈리게 만들기도 해 놀이를 더 재미있게 할 수 있다.

숨는 위치를 고려해서 하자

깡통차기를 하려면 장소를 까다롭게 선정해야 한다. 일종의 숨바꼭질이기 때문에 아이들이 안전하게 숨을 곳이 많아야 하고, 술래잡기이기 때문에 숨어서 뛰어나올 때 다치지 않도록 넓게 트인 곳이 좋다. 숨을 곳이 많으면서도 넓게 트인 곳이라니 너무 모순적이지만 우리는 그런 곳을 찾아야 한다.

학교 내에서는 강당, 운동장, 주차장, 놀이터, 보도블록 등이 있는데 그중에서 주차장은 위험할 수 있으므로 되도록 다른 장소에서 하는 편이 좋다. 잔디가 있는 공원도 놀이하기 적당하다.

12. 연날리기

연날리기는 원래 군사작전에 활용되었다. 하늘 높이 뜨는 연은 멀리서도 모두가 볼 수 있어서 작전 신호로 활용하였는데 시간이 지나며 남녀노소 모두가 즐기는 놀이로 자리 잡게 되었다. 18세기 조선시대 영조 무렵 음력 정초에 연날리기 놀이가 성행했다는 기록이 있다. 연이 새해 소망을 싣고 하늘로 멀리멀리 닿길 바랐던 선조들의 마음을 담은 놀이이리라.

연 만드는 법

방패연

준비물 한지, 대나무살, 밥풀, 실, 실타래

방법
① 종이를 가로 40cm 세로 60cm로 자른다.

② 종이를 4등분으로 접어 모퉁이를 둥글게 자른 뒤, 펴면 종이 한가운데 원 모양의 구멍이 생긴다.

③ 대나무 살을 종이 맨 위에 가로로 붙여 머릿살을 만들고, 가운데에 십자 가 모양으로 허릿살과 중살을 붙인 다음 마지막에 대각선 모양으로 장살 을 붙인다.

④ 머릿살 양 끝과 가운데 살이 교차하는 부분에 실을 묶어 한 곳에서 다시 묶어 목줄을 만들고 목줄과 연줄을 연결하면 방패연이 완성된다.

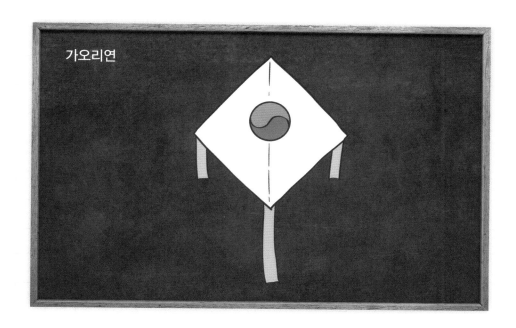

가오리연

 한지, 대나무살, 밥풀, 실, 실타래

① 가로, 세로 30cm가량의 정사각형 종이를 마름모꼴로 놓고 가운데에 중살을
세로로 붙인다.
② 가로 양 끝 부분에는 허릿살을 휘어서 붙인다.
③ 가장 밑부분에는 200cm가량의 아래꼬리를 만들고, 양 끝부분에는 20cm의 아
래꼬리를 만들어 주면 꼬리가 바람을 타고 연의 균형을 맞춰 준다.
④ 허릿살과 중살 교차부분과 중살 아랫부분에 줄을 묶고 두 줄을 다시 묶어 목줄
을 만든 뒤, 연줄과 연결하면 가오리연이 완성된다.

1 연을 날릴 때는 바람이 흐르는 방향으로 띄운다.

2 바람이 세면 줄을 풀고 바람이 약하면 천천히 줄을 감는다.

3 연이 내 앞에서 바늘도가 되어 날도록 한다.

4 줄이 엉키지 않기 위해 서로 10m 이상 떨어져서 날린다.

82

한 걸음 더 고민하기

　모두 한 번쯤은 연을 날려 본 기억이 있을 만큼 연날리기는 우리 민족 고유의 전통 놀이이다. 연은 바람이 불어야 잘 나는데 겨울에 바람이 세게 불기 때문에 연을 날리기 적당하다. 예전에는 연싸움도 하곤 했는데 비닐에 도자기 그릇을 넣고 무거운 돌로 찧어 고운 사기가루를 만들고, 거기에 풀을 먹여 연줄에 발랐다. 그렇게 띄운 연으로 연싸움 상대의 연줄을 무자비하게 끊어버렸다. 연싸움에 진 아이들은 집에 가서 다음날 다시 연을 만들어 오고, 승부를 가리고는 했다.

　요새는 연싸움은 하지 않고, 연을 만들어 띄우는 연날리기만 하는 경우가 많다. 연을 날릴 때는 전깃줄처럼 하늘에 연이 걸릴 만한 것이 없는 넓은 운동장에서 하는 것이 좋고, 연이 서로 엉키지 않도록 거리를 두고 날리는 것이 좋다. 그리고 자전거가 다니는 곳에서는 자전거 운전자가 다칠 수 있으므로 피하는 것이 좋다.

　연날리기는 활용법이 많다. 소풍을 가서 파란 연을 띄우면 자유시간이고, 빨간 연을 띄우면 자유시간이 끝났으니 모두 연이 있는 곳으로 모이라는 신호로 사용할 수도 있다. 연에 소원을 적고, 양초를 달아 밤하늘에 날리면 아름다운 풍등이 된다. 풍등이 날아가는 동안 소원이 이루어지길 간절히 바랄 수도 있다.

연은 직접 만들어야 더 재미있다

　연날리기를 위해 연을 사 와서 날리는 경우가 있는데 사온 연은 쉽게 망가진다. 자기 물건이라는 애착심이 부족해서 연을 함부로 다루기 때문이다. 미술시간을 활용해서 연을 직접 만들고, 나만의 개성을 표현한 뒤, 연을 날리면 연날리기가 더 재미있고, 연을 소중하게 생각하는 마음이 생긴다.

13. 민속 팽이치기

예전에는 겨울이 되면 아이들이 놀 수 있는 전통놀이가 더 많아졌다. 부모님 일을 도와야 하는 여름방학과 달리 겨울방학은 농한기라 마땅히 할 일이 없었다. 바람이 세서 연날리기를 하기 좋고, 논에 물이 얼어 썰매 타기와 팽이치기도 가능했다. 다른 계절보다 유독 겨울에 팽이치기를 즐겼던 이유는 얼음판에서 팽이가 더 잘 돌아가기 때문이 아닐까 싶다. 그러다 얼음이 녹는 시기가 오면 자연스럽게 팽이치기는 아이들의 놀이에서 사라지게 된다.

• 준비물 : 나무 팽이, 팽이채

팽이채 줄로 팽이 허리를 둘둘 감아 바닥에 세우고 팽이채를 힘차게 빼낸다.

팽이채로 팽이 돌리는 것이 어려우면 손으로 비비듯이 팽이를 돌린다.

팽이가 쓰러지려 하면 팽이채로 때려 회전력을 더해 준다.

두 팽이가 부딪혀 먼저 쓰러지는 팽이가 지게 된다.

한 걸음 더 고민하기

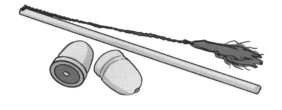

팽이치기를 하려면 나무로 된 팽이와 짧은 줄이 몇 가닥 달린 팽이채가 필요하다. 팽이채의 줄로 팽이를 말아 빠르게 빼내면 팽이가 돈다. 이때, 팽이채로 팽이를 계속 때려 주면 팽이가 멈추지 않고 계속 돌게 된다.

주로 두 가지 놀이를 할 수가 있는데 하나는 오래 돌리기이고, 다른 하나는 서로 팽이를 부딪쳐 누가 더 오래 살아남는지 겨루는 놀이이다. 보통 오래 돌리면서 부딪치는 놀이를 같이하는데, 생각해 보면 지루하고 팔이 제법 아픈 놀이였다. 남자아이들이 즐겨 하다 보니 자존심이 걸리고, 온종일 대결을 하거나, 벌칙이나 내기를 걸고 팽이치기를 하곤 했다.

오래 돌리기와 박치기를 주로 하므로 팽이놀이는 개인플레이를 많이 한다. 하지만 팽이치기를 팀 경기로 하면 개인의 역량 차이를 줄일 수 있고, 협동심이 생기고, 같이 놀이를 하므로 쉽게 질리지 않는다.

민속팽이는 도는 시간이 짧아 계속 쳐줘야 한다. 팽이채로 칠 때마다 팽이가 조금씩 이동하는데 팽이를 자신이 원하는 방향으로 이동시킬 수가 있다. 그래서 팽이를 돌리면서 릴레이 경주를 할 수도 있다. 릴레이 도중 팽이가 죽으면 다시 출발점으로 돌아가 팽이를 몰아간다. 릴레이 경기는 대략 한 팀을 4명으로 구성하면 팀 간에 격차가 크게 나지 않아 긴박하게 경기를 운영할 수 있다.

14. 추억 팽이치기

사실 민속 팽이보다는 88팽이로 불리던 200원짜리 플라스틱 팽이를 친 어른들이 많을 것이다. 나무 팽이는 오래 회전하지 못하고, 시멘트나 얼음 바닥 등 매끄러운 곳에서 해야 했기 때문에 거친 아스팔트 바닥을 주 무대로 하는 도시 아이들에게는 인기가 없었다. 대신 쇠로 된 철심과 플라스틱으로 만들어진 200원짜리 팽이는 값도 싸고, 손과 줄로 다양한 기술을 쓸 수 있어서 아이들에게 인기가 많았다.

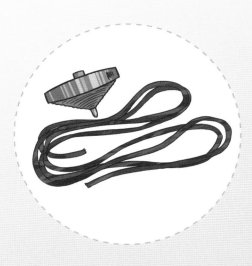

• 준비물 : 플라스틱 팽이, 팽이줄

팽이줄로 팽이의 꼭지를 한 번 감고 줄을 아래쪽 쇠심에 팽팽하게 감아 풀리지 않게 고정한 후 줄을 돌려 팽이 몸통에 감는다.

엄지와 검지로 팽이를 쥐고, 팔을 밖에서 안으로 강하게 내리면서 팽이에 회전을 줘 놓으면서 돌리거나 팔을 안에서 밖으로 풀며 팽이를 돌린다.

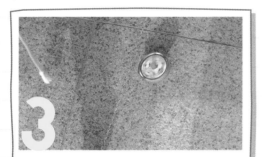

줄로 팽이를 밀어가며 상대의 팽이와 부딪혀 본다.

가장 먼저 죽은 순으로 다음에 먼저 팽이를 돌린다.

한 걸음 더 고민하기

컴퓨터게임 중에서 가장 사랑을 많이 받은 게임이 스타크래프트이다. 이 게임이 사랑을 받았던 이유는 친구들과 다 같이 할 수 있는 게임이라는 점과 팀전략이 있었기 때문이다. 추억 팽이가 그 시절 아이들에게 강렬한 사랑을 받았던 이유도 팀플레이가 가능하고 팀전략을 사용할 수 있기 때문이다.

2대2 또는 3대3으로 편을 먹고, 가장 오래 살아남는 한 명이 있는 팀이 이기는 경기를 했는데 팽이의 무게에 따라 전략을 달리 했다. 무거운 팽이는 오래 못 버티는 대신 힘이 좋으므로 상대를 공격했고, 가벼운 팽이는 힘이 약한 대신 오래 버티므로 외진 곳에서 버티기에 들어갔다. 그런데 만약 이렇게만 진행되었다면 결국 오래 버티기 싸움이라 아이들이 금방 흥미를 잃을 수도 있다.

그러다 보니 색다른 전략이 등장했는데 검지와 중지 사이에 팽이를 올려 다시 손바닥으로 옮긴 뒤, 상대방의 팽이를 내 팽이로 찍는 기술이었다. 이 기술로 상대의 수비벽을 허물 수 있기 때문에 할 때마다 팀전략을 바꿔야 했다. 이런 재미 덕에 아침부터 저녁까지 팽이만 치다가 여름방학이 끝난 적도 있었다.

오른손잡이는 시계 반대 방향으로 줄을 감아야 유리하다

팽이치기는 처음 팽이를 놓을 때가 가장 중요하다. 이때 얻은 회전력으로 끝까지 버텨야 하기 때문이다. 죽기 직전에 팽이줄로 쳐봤자 그리 오래 살지 못한다. 팽이를 뒤집어 시계 반대 방향으로 감으면 팽이를 머리 위에서 돌려 내리찍는 기술이 가능하다. 팔을 빨리 휘두르고 줄을 강하게 잡아챌수록 팽이의 회전력은 더 강해져서 오래 살아남게 된다. 그리고 강력한 기술인 찍기로 시작하면서 상대팀 팽이 하나를 제거할 수 있다.

삼국지피구를 삼국시대부터 시작된 놀이라고 생각하는 사람은 아마도 없을 것이다. 피구놀이가 유행했던 90년대를 지나 2003년에 초등학교 교사인 정유진 선생님이 삼국시대를 떠올리며 삼국지피구를 만들었다. 동그란 원을 3조각으로 나누어 고구려, 백제, 신라 세 팀으로 하는 피구이다. 세 팀이 있어서 서로 동맹을 맺기도 하고, 협공을 통해 강한 팀을 견제하기도 한다. 기존의 피구놀이에 외교 전략까지 추가하여 아이들에게 인기가 좋다.

삼국지피구 그리는 법

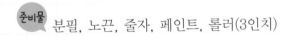 **준비물** 분필, 노끈, 줄자, 페인트, 롤러(3인치)

방법
① 5m 길이의 노끈 양 끝에 분필을 각각 묶는다.
② 노끈 한쪽 끝에 묶어둔 분필을 고정하고, 반대편 분필로 동그랗게 원을 그린다.
③ 원을 3등분하여 나누어 준다. 이때 각각의 부채꼴은 120° 이다.
④ 롤러에 페인트를 묻혀 분필로 그린 선 위에 진하게 그린다.

• 준비물 : 피구공

고구려, 백제, 신라 세 팀으로 나눈다.

공에 맞은 친구는 공을 맞힌 친구의 나라 바깥쪽으로 나간다.

한 나라에 마지막 남은 친구를 맞히면 공을 던져 맞힌 나라가 통일한 것으로 하여 두 나라가 합쳐진다.

최후에 이긴 나라가 삼국을 통일한다.

한 걸음 더 고민하기

삼국지피구는 세 팀이 하는 피구이기 때문에 외교 전략을 잘 짜는 것이 중요하다. 힘이 없는 나라를 먼저 공격하기보다는 힘이 약한 두 나라가 동맹을 맺고 강한 나라를 집중적으로 공격해야 유리하다. 힘이 약한 두 팀이 강한 팀을 집중적으로 공격하여 놀이의 균형이 맞게 된다.

강한 팀이 약해지면 다시 약한 두 팀이 강해진 다른 팀을 공격하면서 계속 팀 간에 힘의 균형을 이룬다. 상대 팀을 전멸시키면 그 팀의 영토와 팀원까지 우리 팀으로 흡수할 수 있어 게임이 매우 유리해진다.

동맹이 있으면 동맹 파기도 있는 법인데 동맹 파기는 따로 이야기하지 않아도, 갑자기 동맹국의 친구를 맞추면 자동으로 파기된다. 이로 인해서 어제의 친구가 오늘의 적이 되는 상황이 벌어진다. 단순한 피구 놀이에 전략까지 활용하게 되므로 재미는 배가 된다. 놀이 방법을 삼국시대와 연결 지어 아이들이 역사를 이해하는 데 도움을 주고, 피구도 즐길 수 있으니 일거양득의 놀이가 된다. 그래서 학교마다 전통놀이를 페인트로 그려줄 때 가장 넓은 공간을 차지하지만 삼국지피구는 꼭 그렸다. 강당이 좁아 체육을 할 곳이 없어 운동장으로 나온 아이들에게 삼국지피구는 강당을 잊게 해 줄 정도의 재미를 선사한다.

삼국지 피구가 어느 정도 익숙해지면 운동장을 크게 함경도, 평안도, 황해도, 강원도, 경기도, 충청도, 전라도, 경상도, 제주도 8개로 나누어 8도 피구를 해도 재미있다.

공을 두 개로 늘려보자

　피구에서 중요한 것은 민첩성과 집중력이다. 공을 시야에서 놓치지 않고, 상대가 공을 던지는 방향을 예측해서 몸을 피해야 한다. 그래서 민첩성이 뛰어난 아이들은 피구를 하면 잘 맞지 않아 놀이가 빨리 끝나지 않고, 다른 아이들은 지루해질 때가 있다. 피구공을 두 개로 늘리면 이런 상황을 다소 피할 수 있다. 아무리 민첩한 아이도 공이 동시에 날아오면 대처하기가 어려워지고, 피구공에 맞을 확률이 높아진다.

　놀이가 빨리빨리 진행되어야 먼저 아웃된 아이들도 금방 다음 경기에 참여할 수 있어서 실제로 놀이를 하는 시간이 늘어나게 된다. 이는 만족도 증가로 이어진다.

16. 구슬치기

    구슬치기의 유래는 알 수가 없다. 다만 일본에는 유리구슬을 가지고 하는 놀이가 존재하고, 해방 후 남쪽에서 유리구슬이 많이 보였다고 한다. 구슬치기는 유리가 흔해진 분단 이후나 1960년대 이후에 유행하였을 것으로 추측된다. 그 이전에도 했던 놀이라면 유리 대신 도자기 구슬이나 동그란 열매를 사용하지 않았을까 싶다.

구슬치기 그리는 법

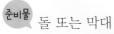

20cm

5m

 돌 또는 막대

방법 ① 흙이나 모래 위에 막대로 한 변이 20cm인 정삼각형을 그린다.
② 삼각형과 5m 떨어진 거리에 구슬을 던지는 선을 그린다.

· 준비물 : 유리구슬 여러 개

규칙

구슬이 많은 친구는 삼각형을 그리고 다른 친구가 도전하기를 기다린다.

구슬이 적은 친구는 선 밖에 서서 구슬을 던진다.

구슬을 던져 선에 걸치거나 선 밖으로 나온 구슬들은 던진 친구의 것이 된다.

구슬을 맞추지 못하거나 선 밖으로 튕겨나가지 못하면 던진 구슬은 삼각형 주인의 것이 된다.

한 걸음 더 고민하기

구슬치기는 상당히 중독성이 있는 놀이이다. 놀이의 방법은 아주 간단하지만, 도박성을 지니고 있기 때문이다. 땅에 삼각형 모양을 그리고, 그 안에 유리구슬을 푸짐하게 깔아 둔 다음 5m가량 떨어진 선 밖에서 아이들이 자신의 구슬을 삼각형 안으로 던져 다른 구슬이 튕겨 나오게 만든다. 이때 삼각형 밖으로 튕겨 나온 구슬은 던진 아이의 것이 된다. 구슬을 던지고 따는데 걸리는 시간이 불과 5초도 걸리지 않아 회전율이 빠르고, 던져서 많은 구슬을 딸 수 있다는 시각적 효과가 있으므로 마치 요즘 많이 하는 인형뽑기 놀이처럼 한 번 빠지면 헤어나오기 어렵다.

옛 방식으로 아이들에게 가르치기에는 교육용으로 적합하지 않다. 규칙을 바꿔서 사행성을 없애 주면 교육적인 구슬치기가 될 수 있다. 그중 하나로 4명씩 팀을 짜서 각 조별로 삼각형을 그리고 그 안에 똑같은 구슬을 약 20개 넣는다. 그리고 1인당 구슬을 3개씩 가지고 돌아가면서 구슬치기를 해서 어느 팀이 가장 많은 구슬을 땄는지를 겨루는 놀이로 바꾸면 구슬치기 놀이의 단점인 사행성이 사라진다.

아이들의 실력이 좋으면 삼각형을 크게 만들거나 안에 구슬을 적게 넣어 놀이의 난이도를 높일 수 있다. 반대로 아이들이 어려워하면 삼각형을 작게 만들고, 구슬을 많이 넣고, 거리를 좁히는 방법을 사용하면 된다.

왕구슬을 넣어 보자

같은 종류의 유리구슬만 있으면 아이들이 쉽게 질릴 수도 있다. 삼각형 안에 독특한 구슬을 넣으면 아이들의 흥미를 더 유도할 수 있다. 왕구슬로 불리는 큰 구슬은 바깥으로 쳐내기가 어렵지만, 아이들에게 도전 욕구를 불러일으킨다. 비슷한 역할로 쇠구슬도 있는데 쇠구슬을 얻게 되면 유리구슬을 쉽게 튕겨 낼 수 있지만, 삼각형 안에 넣어 두면 쉽게 튕겨 나가지 않아 아이들이 탐낸다.

17. 땅따먹기

땅따먹기는 맨땅에 돌멩이만 있으면 할 수 있다. 전통놀이 중에서 실시간으로 경쟁하지 않고 차례대로 진행하는 턴 방식이면서도 인기 있는 흔치 않은 놀이이다. 턴 방식의 놀이는 자기 차례가 빨리 돌아오지 않으면 놀이에 흥미를 잃어 잘 하지 않으려 한다. 전통놀이 중에 온전히 상대가 다 할 때까지 기다리는 놀이는 사방치기, 땅따먹기, 공기놀이 정도밖에 없는데 땅따먹기는 그중 아이들이 가장 좋아하는 놀이이다.

땅따먹기 그리는 법

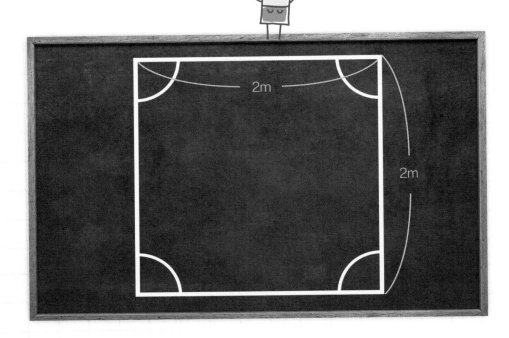

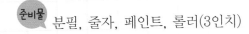 분필, 줄자, 페인트, 롤러(3인치)

방법 ① 분필로 가로 2m, 세로 2m 정사각형을 그린다.
② 각 모서리 끝에 엄지손을 고정하고 한 뼘 크기로 손가락을 돌린 크기만큼 시작 영역을 그린다.
③ 롤러에 페인트를 묻혀 분필로 그린 선 위에 진하게 그린다.

• 준비물 : 손가락으로 튕길 수 있는 돌멩이

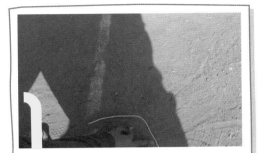

가위바위보로 순서를 정한 후, 한 뼘 크기의 원 안에 자신의 돌멩이를 놓고 손가락으로 돌을 친다.

돌멩이가 멈춘 곳을 표시하고, 두 번째로 쳐서 멈춘 곳도 표시해 둔다.

세 번째 칠때는 돌멩이가 내 구역 안으로 들어와야 표시한 곳을 연결한 만큼이 내 땅이 된다.

상대방의 땅을 가로는 데 성공하면 그만큼이 내 땅이 된다.

놀이의 후반부로 갈수록 상대방의 땅을 빼앗는 데 주력하게 된다.

가장 많은 땅을 가진 사람이 이긴다.

한 걸음 더 고민하기

땅따먹기는 놀이 방법이 다양하다. 돌멩이를 손가락으로 튕겨 세 번 안에 내 구역으로 들어오는 방법이 가장 널리 알려졌고, 그 방법 외에도 응용방법이 많다.

상대방의 돌을 몇 번 만에 맞히는지로 땅따먹기를 할 수도 있다. 각자의 구역에서 시작해서 상대방의 돌을 향해 돌을 튕긴다. 한 번 만에 상대방의 돌을 맞히면 3뼘만큼 내가 원하는 땅을 만들 수 있고, 2번 만에 맞추면 2뼘, 3번 만에 맞추면 1뼘만큼 내 땅을 만드는 방법이 있다.

그 외에 가장 기본적인 방법으로 진행하되 최종적으로 누가 더 많은 땅을 차지했는지 겨루는 방법도 있다.

땅을 그림판 삼아 돌멩이를 튕겨서 내 땅을 넓히는 방식으로 진행하는데 고전 오락기 게임과 느낌이 비슷해서 아이들에게 땅따먹기는 꽤 인기 있는 놀이였다. 명절이 되면 사촌들이랑 마당에서 땅따먹기를 하곤 했었는데 손기술 좋은 사촌 형을 둔 덕에 단 한 번도 이겨본 적이 없었다. 그래서 아이들이랑 땅따먹기를 하면 전력을 다해 이기고, 승리의 기쁨을 만끽하고 있다.

'너희들도 어른이 되어서 이 기쁨을 누려보렴. 정말 좋아.'

이 놀이에 승리의 비법이 있다면 첫째, 돌멩이가 좋아야 한다. 내가 원하는 거리까지 나갈 수 있는 나와 잘 맞는 돌멩이를 찾는다면 이길 확률이 올라간다. 둘째, 전략을 잘 짜야 한다. 돌멩이를 짧게 짧게 쳐서 안정적으로 땅을 넓힐 것인지, 길게 쭉쭉 쳐서 한 번에 큰 땅을 만들 것인지 결정해야 한다.

개인적으로 처음에는 야금야금 땅을 넓히다가 손가락의 감각이 살아나면 길게 쳐서 한 번에 땅을 넓게 차지하는 전략을 쓰고, 감각이 무디고, 몸 상태가 좋지 않은 날은 안정적으로 땅을 조금씩 넓혀나가는 전략을 쓰고 있다.

경기땅을 줄이고 늘려보자

땅따먹기를 운동장에서만 할 수 있는 것은 아니다. 미세먼지나 황사가 부는 봄에는 교실에서 큰 종이에 지우개로 할 수도 있다. 4명이 한 귀퉁이씩 차지하고, 연필로 선을 그린 뒤, 지우개로 쳐서 자기 땅을 만들면 된다.

반대로 운동장에서 초대형 땅따먹기를 할 수도 있다. 이때는 돌멩이가 아닌 바람 빠진 공을 던지는 형태로 진행하면 가능하다. 게임의 크기를 늘리고 줄이는 것만으로도 아이들은 완전히 새로운 놀이로 느낀다.

18. 공기놀이

　공기놀이는 공깃돌 5개만 있으면 장소에 구애받지 않고 어디서든 할 수 있고, 규칙이 단순해서 어린아이들도 쉽게 놀이에 참여할 수 있다. 아이들이 작은 손으로 공깃돌 하나를 하늘로 띄우고 바닥에 있는 공깃돌을 정해진 개수만큼 쓸어 담는 동작이나 손바닥에 공깃돌을 얹은 뒤 하늘로 띄워 손등으로 다시 얹는 동작을 보고 있으면 손재주라고밖에 볼 수 없다.

• 준비물 : 공깃돌 5개

1 공깃돌 다섯 알을 눈높이로 떠워 던진다. 바닥에 흩어진 공깃돌 중 1알을 집어 공중으로 던진다. 바닥에 있는 공기를 1알씩 손에 쥔 후 공중으로 던진 공깃돌을 받아 낸다.

2 성공하면 다시 두알을 흩어 던지고, 1알을 집어 공중으로 떠운 뒤 바닥에 있는 공깃돌을 2알씩 집고 던진 공기알을 받는다. 성공하면 3알을 집고 받아 낸다.

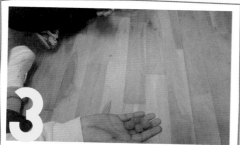

3 공깃돌을 모두 손 안에 쥐고, 1알을 공중에 던진 뒤 나알을 땅에 놓고, 공중에 있던 1알을 받는다. 다시 1알을 던지고 바닥에 내려 둔 나알을 집고 던진 공기알을 받아낸다.

4 나단까지 성공하면 고추장찍기를 한다. 1알을 위로 올리고 검지로 땅을 찍은 후 던진 공기알을 받는다.

5 두알을 던져 손등으로 받아 다시 던져 공중에서 잡는다. 이 때 1알이라도 흘리면 죽는다.

6 공중에서 잡은 숫자만큼 1~두년 나이를 먹고, 100년을 먼저 먹는 사람이 이긴다.

한 걸음 더 고민하기

공기놀이가 버거운 어린아이들에게는 조금 더 쉬운 코끼리 공기놀이를 알려 주면 즐겁게 놀 수 있다. 코끼리 공기놀이는 양손을 쥐고, 검지를 펴서 코끼리 코 모양을 만들어 양 검지로 1단은 공깃돌을 하나씩 안으로 담고, 2단은 2개씩, 3단은 3개씩 포개어 넣는다. 모두 성공하면 꺾기는 일반 공기놀이와 같은 방법으로 한다. 난이도가 낮아 어린아이들도 충분히 즐길 수 있다.

공기놀이의 승패는 꺾기로 결정된다. 꺾기는 공깃돌을 던져 손등에 올렸다가 손을 뒤집으며 공깃돌을 손바닥으로 잡는데, 잡은 개수만큼 나이를 먹는다. 보통 100살을 먼저 먹는 사람이 이긴다.

공기놀이를 응용한 놀이 중 하나로 바보 공기가 있다. 5알 중 한 알을 위로 던지고 난 다음 그 한 알이 땅에 떨어지기 전에 얼른 다른 한 알을 집는다. 그다음 한 알을 던진 후 떨어지기 전에 2알을 집고, 성공하면 반복해서 3알, 4알을 집는다. 꺾기는 일반 공기놀이와 같은 방법으로 한다.

구구단을 배우는 아이들에게 공깃돌은 놀이이자 학습의 도구가 된다. 한 사람당 공깃돌을 20개씩 갖고 4명이서 한 모둠을 이루면 모둠당 공깃돌이 총 80개가 된다. 구구단 수업을 할 때 공깃돌을 모아 눈으로 확인할 수도 있고, 1~9단까지 두 손 공기놀이를 해서 구구단을 자연스럽게 익힐 수도 있다. 두 손 공기인 이유는 구구단의 숫자가 커지면 한 손으로 공깃돌을 다 쥘 수 없으므로 한쪽 손은 저장고 역할을 해야 하기 때문이다. 두 손 공기놀이는 놀이라기보다는 구구단을 자연스럽게 외우는 데 활용된다.

공기놀이와 비슷한 외국의 전통놀이도 많이 있다. 비슷한 전통놀이를 해 보면서 아이들 스스로 자신이 어떤 놀이를 더 잘하는지 알게 해서 자신감을 심어 주면 좋다.

놀이로 남녀구분을 짓지 말자

공기놀이는 여자아이들의 놀이라고 생각하는 경우가 있다. 예전에는 그랬을지 모르지만 손재주를 활용해서 뇌를 자극하는 놀이이기 때문에 남녀 상관없이 어릴 때 공기놀이를 하면 두뇌 발달에 좋다. 물론 여자아이들이 더 잘하는 편이지만 남자아이들이 공기놀이를 체험할 수 있도록 기회를 주고 함께 어울려 놀도록 유도해야 한다. 마찬가지로 어떤 놀이이든 성별과 관계없이 적극적으로 체험해야 나중에 남녀평등의식이 생길 수 있다.

놀이를 지도할 때는 재미보다는 안전을, 잘하는 소수보다는 못하는 다수를 생각하며 지도해야 즐겁게 놀 수 있다.

19. 고무줄놀이

어릴 적에는 학교든 동네든 여자아이들이 고무줄놀이하는 모습을 쉽게 볼 수 있었다. 두 명이 멀찍이 서서 고무줄 양 끝을 잡고 팽팽하게 당기면 그 가운데서 한 아이가 고무줄을 이리저리 넘으며 노래를 불렀는데, 생각해 보면 단순히 고무줄을 이리저리 넘는 이 놀이가 왜 이렇게 인기가 있었을까 싶다. 고무줄놀이는 고무가 우리나라에 값싸게 보급된 1960년대 이후에 등장하지 않았을까 추측한다. 고무줄이 보급된 기간은 짧지만 1960~90년대에 학교를 다닌 세대에게 고무줄놀이는 빼놓을 수 없는 추억의 놀이로 기억되고 있다.

・준비물 : 고무줄

규칙

술래 두 사람이 양 끝에서 고무줄 한 줄을 발바닥 놀이로 당긴다.

술래는 나박자의 노래를 불러주고, 줄을 넘는 친구는 노래에 맞춰 정해진 동작으로 고무줄을 넘는다.

동작이 어긋나게 줄에 걸지러 않고 노래가 끝 나면 고무줄을 높인다. 발바닥부터 무릎-가랑이-허리-겨드랑이-목-머리 위-만세 순이다.

고무줄을 만세 높이까지 동작이 어긋나거나 줄에 걸리는 일 없이 모두 통과하면 한 살을 먹는다.

한 걸음 더 고민하기

고무줄놀이가 인기가 많았던 이유는 노래 때문이다. 다른 놀이와 달리 노래를 부르며 놀다 보니 노래 부르는 재미와 박자에 맞춰 고무줄을 넘는 재미로 계속하게 되는 중독성이 있다. 마치 농사일을 할 때 노동요를 부르듯이 노래는 힘듦을 줄여 주고 재미를 더해 준다.

술래 두 명이 고무줄 양쪽을 잡으면 한 줄밖에 생기지 않지만 세 명이서 각각 양쪽 고무줄을 잡으면 3줄이 생긴다. 술래가 한 명 더 늘었을 뿐인데 3명이 동시에 고무줄놀이를 할 수 있다. 술래가 4명이면 고무줄이 4줄 생긴다. 3명이나 4명 단위로 팀을 정해서 인원수에 맞게 고무줄 줄을 만들고 노래에 맞춰 동시에 고무줄놀이를 하면 더 재미있는 고무줄놀이가 가능하다.

동시에 여러 명이 고무줄을 넘으므로 동작이 틀리거나 실수하는 친구를 찾기가 더 쉬워지고, 상대팀이 실수하면 서로 술래를 바꾸어 다음 팀이 고무줄을 넘을 수 있다. 또한 고무줄 한 줄을 길게 연결하여 술래의 몸 뒤로 걸어 2줄을 만들면 다양한 동작을 시도할 수 있다. 이처럼 인원수와 고무줄의 줄 수를 조절하면 좀 더 다양한 고무줄놀이를 즐길 수 있다.

동남아시아에서는 고무줄 대신 대나무를 가지고 하는 비슷한 놀이들이 많다. 대나무가 많이 자라는 지역의 특성 때문인 듯하다. 대나무놀이와 달리 고무줄놀이는 높이 조절이 된다. 대나무는 무게 때문에 바닥 높이에서 더 높이 들기 어려운데 반해 고무줄은 발바닥, 무릎, 가랑이, 허리, 겨드랑이, 목, 머리 위, 만세 순으로 고무줄을 잡아 높이를 올릴 수 있으므로 난이도가 계속 올라간다.

다른 놀이에도 노래를 불러보자

노래를 부르면 단순히 동작을 반복하는 놀이도 재미가 생기게 된다. 실제로 야구장에서 응원을 할 때도 수많은 노래가 활용된다. 그 노래에 재미가 붙어 또 야구장을 찾는 사람들도 있다. 등장곡, 응원곡, 세리머니곡 등 상황에 맞게 적당한 노래를 부르고, 동작을 곁들이면 응원이 훨씬 더 재미있어진다. 놀이도 마찬가지이다. 놀이를 하며 노래를 부르면 더욱 즐겁게 놀이를 즐길 수 있다.

20. 허수아비 놀이

　내가 다니던 초등학교는 전교생이 3,000명이 넘었다. 점심시간이면 좁은 운동장 하늘에 떠 있는 축구공만 10개가 넘었고, 작은 공간만 있으면 아이들이 어떤 놀이라도 하였다. 그런데, 놀 공간이 부족한 아이들도 철봉은 외면했다. 철봉으로는 매달리기, 거꾸로 매달리기 말고는 할 만한 놀이가 많지 않고, 금세 힘이 부쳐 오래 놀 수도 없기 때문이다. 그래서 나온 놀이가 허수아비놀이이다. 시작은 슬프지만, 허수아비놀이는 전략이 필요한 재미있는 놀이이다.

1 철봉에 매달려 앞뒤로 몸을 흔들다 손을 떼며 크게 한발 내딛고 '허'를 외친다. 한발씩 내딛으면 '수', '아', '비'를 외치고 철봉에서 멀어진다.

2 '허수아비'를 모두 외친 다음엔 몸 전체가 얼음이 되어 움직일 수 없다. 움직이면 아웃이 된다.

3 다음 친구도 같은 방법으로 허수아비를 외치며 철봉에 멀어지되 앞선 친구들을 감싸거나 돌아오는 길목을 막는다.

4 돌아올 땐 처음 나간 친구부터 돌아오되 '허수아비'를 외치며 네 걸음 안에 철봉으로 들어와야 한다. 네 걸음 안에 들어오지 못하면 아웃이 된다.

5 상대방의 몸을 건드려 아웃이 된다.

6 아웃이 된 친구들은 가위바위보를 통해 진 순서로 다음 판에 먼저 시작한다.

한 걸음 더 고민하기

허수아비놀이는 방법이 단순하다. 철봉에 매달려서 몸을 앞뒤로 흔들다가 멀리 뛰어 넘으며 '허'를 외치고, 그다음 발에 '수', 다음 발에 '아', 마지막 발에 '비'를 외치며 정지 동작으로 있는다. 다음 사람도 마찬가지로 하되 앞서 나간 친구가 다시 돌아오기 어렵게 길목을 막거나 몸을 감싼다. 단, 몸이 닿지 않도록 주의해야 한다. 들어올 땐 처음 나간 친구부터 다시 철봉 안으로 들어와야 하는데 상대방의 몸에 닿거나 허, 수, 아, 비 네 발자국 안에 들어오지 못하면 꼴찌가 된다.

아무것도 없이 철봉 하나만 있어도 이렇게 재미있게 놀 수 있기 때문에 아이들에게 한 번만 가르쳐 줘도 아이들이 알아서 잘 놀 수 있다.

요새 철봉이 없는 학교들도 많다. 철봉이 없으면 어떤 것으로 대체할 수 있을지 생각해 보자. 평행봉은 생각보다 낮고, 축구 골대는 너무 높아 잡을 수가 없다. 그런데 중요한 것은 꼭 철봉에 매달려서 시작해야 하는가이다.

철봉이 없어도 허수아비 놀이는 가능하다. 도약하는 거리가 조금 줄어들 뿐 놀이 자체의 재미는 줄어들지 않는다. 출발선을 그리고 시작하면 철봉을 대체할 수 있다. 그렇게 되면 허수아비 놀이는 어디서든지 할 수 있는 놀이가 된다.

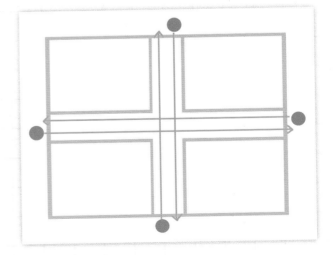

철봉이 사라지면 오히려 더 창의적인 허수아비 놀이가 생길 수도 있다. 십자가놀이 그림을 그대로 이용해서 십자가놀이 통로 끝에 4명이 서서 허수아비를 외치며 뛰어간 후, 제자리로 돌아오는 것이 아니라 맞은편 상대 진영으로 돌아가는 놀이를 할 수도 있다. 네 방향에서 서로 몰려오니 가운데가 엉켜서 빠져나가기가 어려워져 놀이가 더 재미있어진다.

키보다 20cm 높은 철봉을 선택하자

철봉에 매달리기 어려워하는 학생이 있으므로 철봉이 너무 높으면 팔꿈치나 어깨를 다칠 우려가 있다. 반대로 철봉이 너무 낮으면 아이들이 뛰다가 머리를 부딪칠 우려가 있으므로 키보다 20cm 정도 높은 철봉이 가장 적합하다.

2장

다문화 친구와
함께 하는 전통놀이

일본: 달마 빼내기 다루마오토시

다루마오토시는 일본의 전통놀이로 우리말로는 달마 빼내기다. 5층으로 된 나무토막을 일렬로 쌓아 나무 망치로 아래부터 톡톡 쳐서 하나씩 빼내면 되는 놀이이다. 에도시대에 중국에서 전해졌고, 달마가 돌 위에서 좌선하고 있던 것에 착안해 만들어졌다고 알려졌다. 그래서 가장 위의 돌은 달마의 모습을 하고 있다. 중국에서는 빨간색이 복을 가져다 준다고 믿어 달마의 머리 부분이 빨갛다.

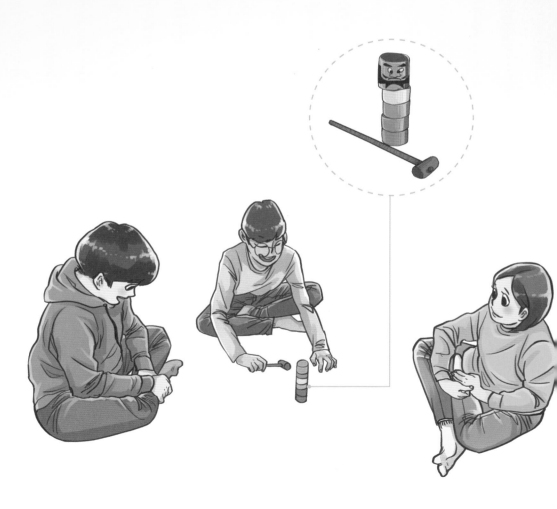

규칙

다루마오토시는 나무 망치로 맨 밑에 있는 나무토막부터 하나씩 쳐서 쓰러지지 않게 빼내면 된다. 방법이 쉬워 어린아이들도 할 수 있고, 실내에서도 할 수 있다.

요령이 있다면 나무 망치로 빠르게 나무토막의 중앙을 정확히 맞추어야 기둥이 넘어지지 않는다. 조심하겠다고 살살 치거나 빗맞으면 쌓아놓은 나무토막이 중심을 잃고 넘어지게 된다.

이 놀이는 2~4인이 한 모둠이 되어 하는 것이 좋고, 모둠별로 대결을 해도 좋다. 전략적 요소가 많이 필요해 아이들끼리 전략을 주고받으면서 친해질 수 있다.

한 걸음 더 고민하기

다루마오토시는 방법이 단순하고, 나무토막과 나무 망치만 있으면 되는 놀이이기 때문에 굳이 돈을 들여 놀이도구를 살 필요가 없다. 수학모형, 쌓기나무 등 평소에 쓰던 정사각형 모양의 나무토막이나, 플라스틱, 주사위만 있으면 된다. 나무 망치는 펜이나, 막대기 모양의 무엇으로도 대체할 수 있다. 나무 망치를 대체할 물건이 없으면 손가락으로 튕겨도 된다. 손가락 힘을 조절하여 쓰러지지 않게 빼내다보면 손의 잔근육이 발달할 수 있다.

고학년 아이들은 놀이도구의 크기를 키워 활동하면 재미있어 한다. 상자 안에 신문지 등을 채우고, 상자의 바깥면도 재미있는 모양으로 꾸며서 쌓아올린 다음 티볼 방망이 등으로 상자를 빼내며 거대 다루마오토시 놀이를 해도 된다. 체육시간에 릴레이로 달려가서 성공시키고 돌아오기 등을 하면 아이들이 재미있게 운동을 할 수 있다.

태국: 코코넛 신고 달리기 던 까라

던 까라는 코코넛이 흔한 태국의 기후 환경에 맞게 코코넛 껍질을 활용한 전통놀이이다. 코코넛을 마시고 껍질을 반으로 잘라 양 끝에 실을 꿰어 연결한 뒤, 이것을 두 발로 올라타서 걸어 다닌다. 쉬워 보이지만 막상 코코넛을 올라타면 발이 아프다. 그래서 단거리 경주로 이어달리기를 하거나 누가 빨리 가는지 대결을 하면서 논다.

요즘에는 국내에서도 코코넛을 구하기가 쉬워졌기 때문에 한 번쯤은 시도해 볼 만한 놀이이다. 줄톱으로 코코넛을 반으로 가르고, 드릴로 코코넛에 구멍을 뚫으면, 누구나 던 까라를 만들 수 있다.

방법은 아주 쉽다. 누가 더 빨리 달리는지 가르는 놀이이다. 출발선을 긋고, 단거리를 누가 먼저 달려가느냐 시합을 해도 좋고, 친구들과 이어달리기를 해도 좋다. 단순히 체험을 위해서 놀이를 해 본다면 트랙을 짧게 그리고 한 바퀴 돌기를 해 봐도 좋다.

한 걸음 더 고민하기

태국은 코코넛이 흔하기에 코코넛을 활용해서 달리기 놀이를 했다. 프랑스에는 던 까라와 유사한 대나무 장대에 발판을 만들어서 걷는 놀이가 있다. 우리는 우리나라에서 구하기 쉬운 재료와 특산물을 활용하여 놀이를 만들면 어떨까? 표주박을 활용해도 좋고, 호박, 수박, 무 등을 활용하여 우리만의 색다른 놀이를 할 수 있다. 재료도 구하기 쉽고, 우리 지역 특산물에 대해 생각해 보는 시간을 가질 수도 있을 것이다.

베트남: 제기차기 따가오

　베트남에는 우리나라와 비슷한 놀이가 상당히 많다. 팽이치기, 사방치기, 고무줄놀이, 연날리기, 그네타기, 줄다리기, 제기차기, 공기놀이 등 우리의 전통놀이와 비슷한 놀이가 여러 가지가 있는데 그중에서 제기차기와 비슷한 '따가오'라는 놀이를 소개한다.

　따가오는 우리나라의 제기와 비슷하게 생긴 제기를 차는 놀이인데, 놀이 방법이 조금 다르다. 혼자 제기를 많이 차야 하는 우리와 달리 상대방과 함께 제기를 주거니 받거니 차고 받는 놀이이다. 제기로 족구를 한다고 생각하면 된다. 따가오의 제기는 우리나라 것과 달리 머리 부분에 탄성이 있고, 깃털이 달려 있어 차면 멀리 나간다.

규칙

　따가오는 2인 이상이 하는 놀이로 서로 주고받아도 되고, 다른 방식으로 진행해도 된다. 제기의 탄성이 좋아 멀리 날아가므로 여럿이 함께 하면 재미가 배가 된다.

　따가오로 족구 경기를 할 수도 있다. 배드민턴 규격과 비슷한 경기장 가운데에 네트를 치고, 3명이서 한 팀을 이룬다. 경기 방법은 머리, 어깨, 발을 사용하며 최대 4번의 터치를 통해 상대편 네트로 넘긴다. 한 명이 연속으로 두 번 차는 것도 허용한다. 상당한 발 기술을 요하며, 발을 네트 위로 높이 들어 올려야 강하게 공격할 수 있다.

한 걸음 더 고민하기

　베트남에서 따가오를 활용하는 방식은 다양하다. 둘이나 여러 명이 주고받기, 족구와 비슷한 경기를 하기 등이 있는데 우리가 하는 놀이 방법과 같되 공 대신 따가오로 할 뿐이다. 즉, 공을 떨어뜨리지 않는 방법의 놀이라면 베트남 제기인 따가오로 대체해도 된다.

　따가오는 배구나 배드민턴 같은 네트형 게임을 배우기 전에 몸풀기 놀이로 하기 좋다. 혹은 수업 후에 응용놀이로 따가오를 해 볼 수도 있다. 따가오로 플라잉 디스크 놀이를 대체할 수도 있다.

베트남:젓가락 공기놀이 _{쩌이쭈옌}

'쩌이쭈옌'이라 부르는 놀이는 베트남식 공기놀이이다. 우리의 전통 공기놀이와는 놀이 도구나 방법이 다르지만, 크게 차이가 나지는 않는다. 따가오와 쩌이쭈옌 외에도 베트남 놀이는 우리의 전통놀이와 비슷한 놀이가 많아 아이들이 규칙을 쉽게 이해한다.

쩌이쭈옌은 대나무 공기놀이로, 공깃돌 1개와 대나무 젓가락 10개가 필요하다. 놀이 방법이 우리의 공기놀이와 조금 다르다. 공깃돌을 머리 위로 던진 뒤, 손에 쥔 젓가락 10개를 내려놓고, 공깃돌을 잡는다. 그 다음 공깃돌을 위로 던질 때마다 젓가락을 한 개씩 잡고, 성공하면 공깃돌을 던질 때마다 젓가락을 2개씩, 그 다음은 3개씩 잡는 방식으로 진행한다.

한 걸음 더 고민하기

쩌이쭈옌은 공깃돌 대신 다른 것을 던져도 괜찮다. 탁구공을 던져도 되고, 반지나 동전 등 작은 물건이면 어느 것이든 상관없다. 친구들과 경쟁하는 방식도 좋지만 스스로의 한계에 도전해 보는 방법으로 놀이를 진행해도 좋다. 1개씩 쥐는 것을 다 성공하면 레벨1, 2개씩 쥐는 것을 다 성공하면 레벨2와 같은 방법으로 급수를 만들어 주면 스스로 열심히 연습하게 되고, 나중에 같은 레벨인 친구들끼리 흥미진진한 대결을 할 수도 있다.

러시아 : 고로드키

    오래된 역사만큼 러시아에도 유명한 전통놀이가 많다. 그중에서 운동장에서 할 만한 전통놀이로 고로드키와 라프타가 있다. 고로드키는 우리나라의 자치기와 비슷하고, 라프타는 티볼과 피구를 결합한 느낌의 놀이이다.

    러시아에는 고로드키 경기가 있을 정도로 인원, 도구, 규칙이 정해져 있다. 고로드키는 5명이 한 팀으로 1m의 긴 막대기와 20cm가량의 짧은 막대기 5개가 필요하다. 2m 정사각형 안에 짧은 막대기 5개를 정해진 모양대로 세우고, 긴 막대기를 던져서 넘어뜨리는 놀이이다. 한 명이 두 번씩 던질 수 있고, 처음과 마지막 단계에는 13m 밖에서 던지고 나머지 2단계에서 14단계는 6.5m 밖에서 던져 5개의 막대기를 사각형 밖으로 모두 쳐 내야 한다.

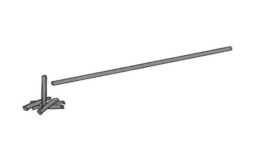

고로드키 그리는 법

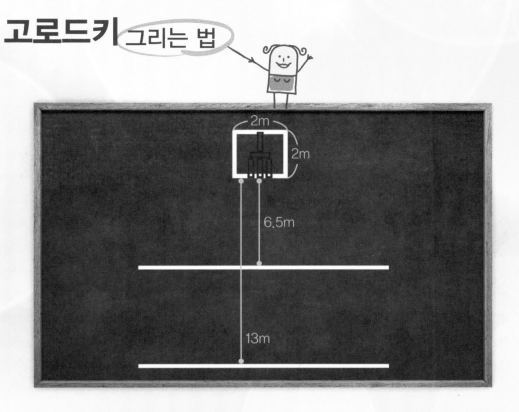

 준비물 줄자, 분필, 페인트, 롤러(3인치)

방법 ① 한 변이 2m인 정사각형을 그린다.

② 정사각형에서 6.5m 떨어진 곳과 13m 떨어진 곳에 출발선을 그린다.

③ 롤러에 페인트를 묻혀 분필로 그린 선 위에 진하게 그린다.

• 준비물 : 1m 긴 막대기 1개, 20cm 짧은 막대기 5개

짧은 막대 두개로 정해진 1~5단계의 모양 중 1단계 모양을 만든다.

한 팀의 주자창 두 번씩 던져 두개 막대를 사각형 밖으로 모두 쳐 낸다.

성공하편 다음 단계 모양으로 도전한다.

실패하편 상대팀의 기회로 넘어간다.

처음과 마지막 단계는 13m 밖에서 긴 막대를 던진다.

2단계에서 14단계까지는 6.5m 밖에서 긴 막대를 던진다.

한 걸음 더 고민하기

고로드키는 볼링과 자치기가 절묘하게 결합한 놀이이다. 얼마나 정교하게 던지느냐가 관건인 놀이로 협응성이 뛰어난 학생들이 잘 맞추고, 이길 확률도 높다. 하지만 한 자리에 서서 던지기만 하기 때문에 다소 정적인 놀이이다.

그래서 겨울에 운동장에서 하면 의외로 재미있다. 땅이 단단히 굳어 있기 때문에 방망이가 잘 밀려 나간다. 반면 여름에는 땅이 물렁해서 방망이가 잘 밀려 나가지 않는다. 던지는 긴 방망이를 나무가 아닌 플라스틱으로 대체하면 실내 체육관에서도 안전하게 할 수 있다.

규칙을 단순하게 만들면 아이들이 놀이에 집중할 수 있다. 6.5m 떨어진 거리에서 긴 막대기를 던지면 어린아이들도 맞추기 쉽고, 다음 단계로 빨리빨리 넘어가므로 놀이에 더 흥미를 느낄 수가 있다. 두 팀으로 나누어 제한시간 20분을 두고, 어느 팀이 더 높은 단계까지 갔는지 내기를 하면 더 재미있다.

안전에 유의해야 한다

고로드키는 긴 막대를 날리는 놀이이므로 막대가 날아가는 방향에 아무도 없도록 해야 한다. 지켜보는 아이들은 멀찍이서 지켜보도록 주의를 주고, 던지는 아이는 좌우와 앞에 사람이 있을 경우엔 던지지 않도록 알려 주어 안전하게 놀이를 진행한다.

러시아 : 라프타

　라프타는 러시아인에게 있어 자존심이라 불릴 정도로 유명한 전통놀이이나 최근에 많이 사라지고 있는 추세이다. 한 팀당 인원이 5~15명까지 가능하기 때문에 최대 30 명도 할 수 있는 놀이이다. 티볼처럼 팀원이 살짝 띄워준 공을 타자가 막대기로 쳐서 10m 밖으로 멀리 보내면 공격팀은 그 사이에 경기장 끝까지 찍고 돌아와야 한다. 돌아 오는 숫자만큼 점수가 나게 된다. 여기까지는 야구형 놀이인 티볼과 비슷하다.

　수비팀은 뜬공 상태로 잡아 아웃시키거나 떨어진 공을 주워 달려가는 공격팀 팀원에 게 던져 맞혀 아웃시킨다. 공격팀은 공을 최대한 멀리, 그리고 수비팀이 빨리 잡지 못 할 곳으로 던져 돌아올 시간을 최대한 벌어 주는 것이 라프타의 핵심전략이다. 그래서 인지 라프타는 공을 치는 방법이 매우 다양하다.

라프타 그리는 법

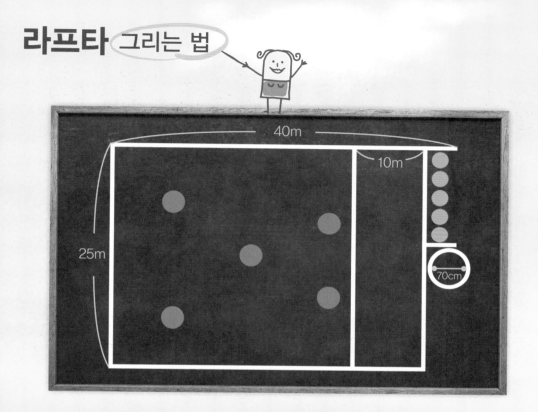

 **준비물** 접시콘 또는 분필, 줄자, 페인트, 롤러(3인치)

방법
① 가로 25m, 세로 40m의 경기장을 그리고, 10m 거리에 파울라인을 그린다.
② 출발점에 지름 70cm 원을 그려 타자구역을 그리거나 훌라후프를 올려놓고, 주자 대기선을 그린다.
③ 롤러에 페인트를 묻혀 분필로 그린 선 위에 진하게 그린다.

1 타자는 원안에서 방망이를 들고, 팀원이 던져주는 공을 멀리 친다. 이 때, 치는 방법은 퍼올리기, 내리찍기, 레벨스윙 등 다양하다.

2 공을 치지 못하거나 파울라인 안으로 떨어지면 심판은 붉은 기를 들어 파울을 알린다.

3 타자가 친 공이 뜬 상태로 수비수에게 잡히면 아웃이 된다.

4 주자는 타자가 공을 치는 순간 달려나가 경기장 끝을 찍고 다시 돌아온다.

5 수비팀은 공을 주워 서로 패스 하며 주자를 맞춰 아웃시킨다.

6 살아돌아 온 주자 숫자만큼 점수를 얻고, 공수교대를 한다.

한 걸음 더 고민하기

라프타는 왕복 달리기, 야구, 피구, 던지기, 피하기 등이 모두 섞인 종합스포츠이다. 공격팀은 공을 치자마자 죽지 않기 위해 잽싸게 달려야 하니 스릴이 넘치고, 수비팀은 공격팀이 자기 진영으로 돌아가기 전에 빨리 맞추어야 하니 마음이 급하다. 10분만 해도 모두 땀이 쭉 나올 정도로 굉장히 체력소모가 크고 박진감 넘치는 놀이이다. 이 놀이를 하다 보면 사냥이나 전쟁과 비슷한 느낌을 받는다. 러시아가 주로 사냥으로 식량을 얻었기 때문에 이런 놀이가 발달하지 않았나 생각한다.

도구는 티볼공과 방망이가 좋다

라프타는 공으로 상대방을 맞춰 아웃시키는 놀이이기 때문에 상대가 맞아도 아프지 않을 공으로 하는 것이 좋다. 티볼공이 던지거나 받기 좋고, 맞아도 아프지 않기 때문에 티볼공을 추천하고, 멀리 칠 때도 티볼방망이를 활용하면 따로 준비할 물품이 필요 없다.

필리핀: 대나무 고무줄 티니클링

　초등학교 체육교과서에도 나오는 티니클링은 필리핀뿐만 아니라 대나무를 쉽게 구할 수 있는 동남아시아 대부분에서 성행한다. 우리나라 고무줄놀이와 비슷한데 박자에 맞춰 대나무를 피하며 노래를 부르기 때문이다.

　티니클링의 묘미는 박자가 일정하지 않고 점점 빨라지는데 음악이 빨라질수록 발도 빨리 움직여야 한다. 그 덕분에 보는 이로 하여금 긴장감이 돌게 한다. 음악에 맞춰 동작을 짜 여럿이 함께 하면 공연도 가능하다. 율동과 음악이 어우러져 종종 학예회나 발표회에 등장하기도 한다.

• 준비물 : 대나무 혹은 점프밴드

대나무를 잡은 2명은 박자에 맞춰 대나무를 부딪친다.

처음에는 천천히 부딪치다가 음악이 빨라질수록 음악에 맞춰 빠르게 부딪친다.

무용수들은 박자에 맞추어 대나무 사이에 발을 넣었다 뺐다 피하며 다양한 동작을 만들어 본다.

처음에는 혼자서 추다가 점점 숫자가 늘어나면서 다같이 추는 방법도 있다.

쏭카는 나무판을 놓고 두 명이서 하는 놀이이다. 49개의 조개나 씨를 놓고, 구멍에서 구멍으로 옮기면서 먼저 끝으로 옮기는 사람이 이긴다. 우리나라의 고누놀이와 비슷한 면이 있다. 고누놀이가 기원전부터 이어진 놀이이니 비슷한 방법의 놀이가 아시아 전역에서 발생하지 않았을까?

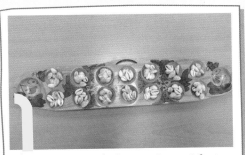

각자 자기에게 가까운 구멍과 자신의 오른쪽 큰 구멍이 자신의 영역이다. 7개 구멍에 7개의 씨앗을 넣고 시작한다. 오른쪽에 있는 큰 구멍에 자신의 씨앗을 모아야 한다.

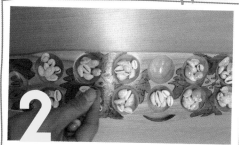

한 구멍의 씨앗을 모두 집어 반시계방향으로 구멍마다 하나씩 씨앗을 넣는다.

상대방의 큰 씨앗구멍에는 씨앗을 넣을 수 없다.

마지막 씨앗이 내 큰 씨앗구멍에 들어가면 한 번 더 기회가 주어진다. 가장 많은 씨앗을 모은 사람이 이긴다.

중국: 요요 콩주

1990년대 아이들이 한창 요요에 빠져있던 시절이 있었다. 그 시절을 보낸 아이들이라면 한 번쯤은 만져 보았을 것이다. 줄을 채서 내리면 요요가 한동안 올라오지 않고 아래에서 머물다가 회전이 풀리면 쭉 따라 올라오는 것이 너무도 신기했다.

중국에는 요요와 비슷한 '콩주'라고 불리는 놀이가 있다. 주로 설에 많이 하는 놀이로 빈 대나무(빌 공(空), 대나무 죽(竹))로 만들었다고 해서 콩주라는 이름이 붙여졌다. 속이 비어 있기 때문에 회전할 때 바람이 지나가며 소리가 난다.

규칙

　작은 장구 모양의 나무를 줄에 걸고 양손에 줄 달린 막대기를 잡아 양손을 번갈아 위아래로 움직이면 콩주가 빙빙 소리를 내며 돌기 시작한다. 콩주가 멈추지 않도록 계속 손을 움직여 주다가 자신감이 붙으면 손을 위아래로 두어 콩주가 줄을 타고 오르내리도록 묘기를 보일 수도 있다. 좀 더 묘기를 보이고 싶다면 돌고 있는 콩주를 위로 튕겨 던져서 받거나 멀리 있는 친구와 콩주를 던져 주고받아 돌릴 수도 있다.

한 걸음 더 고민하기

　콩주는 놀이로도 할 수 있지만 기량을 연마해서 친구들끼리 서로 뽐내기를 하면 더 좋다. 서로가 연습한 기술을 보여 주면 경쟁심리가 자극되어 더 열심히 연습하게 된다. 묘기를 발표한 후 가장 잘한 친구를 뽑아 격려해 주면 아이들이 자연스럽게 콩주에 관심을 갖게 된다. 그 외에도 콩주를 돌리면서 걸어다니기, 음악에 동작을 맞춰 다 같이 콩주 공연하기 등 다양하게 활용할 수 있다.

전통놀이로 하나되는 마을공동체

· 선생님이 미리 그려 두는 전통놀이
· 뛰어 놀 공간이 부족한 좁은 학교
· 학교에 가서 놀고 싶어요
· 부모님과 함께 하는 방과 후, 토요 전통놀이
· 전통놀이 축제로 하나되는 다문화 교육

선생님이 미리
그려 두는 전통놀이

중간놀이 시간이나 점심시간에 전통놀이를 하기 위해 바닥에 놀이판을 그린다면 아이들이 놀 시간을 빼앗기게 된다. 놀이를 제대로 해 보지도 못하고 다시 교실로 들어가야 하는 일이 생길 수도 있다. 학교의 자투리 공간마다 놀이판을 미리 그려 놓으면 실제로 놀이를 하는 시간이 길어지고 놀이에만 집중할 수 있다. 또한 아이들이 자신이 놀이하고 싶은 놀이판으로 모이는 공간이 될 수 있다.

그럼 어떻게 그리는 것이 좋을까?

Step 1 설계도를 그리자
준비물 학교 도면, 100m자

우선 학교가 어떻게 생겼는지부터 확인해야 한다. 하늘에서 바라본 우리 학교 도면이 필요하다. 도면이 없다면 포털사이트 항공뷰로 학교의 모양을 확인하고, 100m 자를 들고 다니며 여유 공간들의 폭과 길이를 일일이 재어야 한다.

그리고 어디에 어떤 놀이를 배치할지 고민해야 한다. 우선 넓은 공간이 필요한 놀이를 먼저 배치하고 남은 자투리 공간에 어떤 놀이를 넣을지 고민해야 한다. 정사각형 모양의 큰 공간에는 달팽이놀이, 오징어놀이, 십자가놀이, S자놀이, 8자놀이, 삼국지피구 등을, 가늘고 긴 공간에는 비석치기, 와리가리, 개뼈다귀놀이 등을 그릴 수 있다. 좁은 공간은 사방치기를 곳곳에 그려 넣는 것이 제격이다. 개뼈다귀놀이와 오징어놀이는 아이들이 넘어져도 다치지 않을 수 있는 곳에 그려야 한다. 특히 화단 턱, 벽, 기둥과 여유 공간을 두고 그려야 한다.

Step 2 밑그림을 그리자
준비물 100m자, 노끈, 분필

설계도가 나왔으면 관리자의 허가를 받은 후, 분필로 그린다. 페인트로 그리면 보도블록을 뜯어내지 않는 이상 수정하기가 어렵다. 그래서 밑그림 작업은 중요하다. 페인트를 칠하는 작업도 시간이 꽤 걸리므로 분필로 그리는 작업은 하루 전 또는 오전 중에 미리 해 두면 좋다.

직선은 100m 자를 대고 쭉 그으면 되고, 곡선은 노끈을 이용한다. 반지름 길이에 맞추어 노끈을 자른 뒤, 양 끝에 분필을 단단히 묶는다. 그러면 분필과 노끈으로 된 컴퍼스가 만들어진다. 한쪽 분필을 축으로 잡고, 맞은편에서 반대쪽 분필로 원을 그리며 선을 긋는다.

준비물 검정 전기테이프, 3인치 롤러, 롤러대, 3인치 붓, 빈 깡통, 수성 외부 도색용
페인트, 수성 페인트 리무버, 숫자 인쇄 종이, 커터칼, 빗자루

우선 페인트를 칠하기 전에 검은색 전기 테이프로 길목을 막아 사람들의 통행을 막고, 빗자루로 바닥을 꼼꼼하게 쓸어 준다. 먼지가 있으면 페인트가 예쁘게 도포되지 않는다. 그리고 분필 선에 3인치 정도의 간격을 두고 테이프를 2줄로 붙인다. 그러면 페인트를 칠하고 나중에 테이프를 떼었을 때, 깔끔하게 선이 그려진다. 손은 더 가지만 깔끔한 마무리를 원하면 테이프를 붙이고, 빠른 작업을 원한다면 테이프를 붙이는 작업을 생략해도 된다.

빈 깡통에 페인트를 붓는다. 유성 페인트는 아이들에게 좋지 않을 수 있으니 되도록 수성, 친환경, 외부 도료용을 사용하길 권한다. 수성 페인트는 비가 오면 지워지지 않냐는 질문을 많이 받는데 외부 도료용 페인트는 비가 와도 지워지지 않는다. 페인트가 담긴 통을 한 명씩 들고 다니면서 각자의 구역에서 롤러를 묻혀 칠하면 된다.

분필 선을 따라 운전면허 시험을 친다는 생각으로 길게 보면서 쭉 밀면 깔끔하게 그릴 수 있다. 코앞만 보고 세세하게 밀면 오히려 나중에 삐뚤빼뚤하게 보인다. 롤러를 분필 선의 정중앙에 맞추거나 왼쪽 측면에 맞추는 등 기준을 하나 정해 끝까지 그대로 그려야 간격이 틀어지지지 않는다.

만약 실수로 페인트를 흘리거나 잘못 칠했다면 수성용 페인트 리무버를 사용해서 지우면 된다. 하지만 보도블록에 한 번 묻은 페인트를 지운다는 것이 생각보다 쉽지 않으므로 되도록 집중해서 실수하지 않도록 한다.

놀이 그림에 숫자로 놀이의 순서를 새길 때도 컴퓨터로 숫자를 큼직하게 인쇄한 뒤 숫자 부분을 커터칼로 오려 그 종이를 이용해 깔끔하게 그린다. 종이를 바닥에 대고 그 위에 페인트를 칠한 뒤 페인트가 마를 때까지 종이를 떼지 말고 그대로 둔다. 1시간 정도가 지난 뒤 페인트가 완전히 마르면 종이를 들어낸다.

Step 4 복도에는 테이프로 붙이자
준비물 코팅 테이프, 가위

코팅 테이프를 사용하는 이유는 아이들이 밟아도 테이프가 쉽게 뜯겨 나가지 않기 때문이다. 아무리 코팅 테이프라도 아이들이 이리저리 뛰어놀면 테이프는 오래가지 못하고 뜯겨 나가므로 1년에 한 번씩은 덧붙여 주는 것이 좋다.

학교에 넓은 복도가 있다면 이곳을 놀이 공간으로 활용해도 된다. 다만 복도에서 뛰어 다니면 아이들이 다칠 우려가 있으므로 사방치기, 비석치기 등 아이들이 뛰지 않고 정적으로 움직이는 놀이를 배치해야 부상을 막을 수가 있다.

테이프로 붙이는 작업은 수정이 쉬워서 편하다. 미리 분필로 그린 선에 맞게 테이프를 붙이면 된다. 곡선이 약간 까다롭지만, 테이프에 신축성이 있어서 한쪽만 잡아당기면서 늘리듯이 붙이면 곡선도 만들 수 있다. 신축성이 좋은 마스킹 테이프를 붙이고, 그 위에 투명 아세테이지를 붙이면 코팅 효과도 얻을 수 있다.

Step 5 안내판을 만들자
준비물 아크릴 안내판 또는 푯말, QR코드

예산에 여유가 있다면 놀이규칙과 QR코드를 넣은 안내판을 제작하여 놀이 공간 곳곳에 설치한다. 벽면에는 아크릴 안내판을 설치하고, 화단 위에는 푯말처럼 제작해서 꽂으면 눈에 잘 띈다.

놀이 활동이나 규칙을 담은 영상을 찍어 유튜브 등에 올리고 QR코드로 만들어 안내판에 인쇄하면 아이들이 스마트폰으로 놀이 영상을 보고 쉽게 따라 할 수 있다.

예산에 여유가 없다면 A4 크기로 규칙 안내판을 만들고 앞뒤로 아크릴판을 붙이면 예쁜 수제 안내판이 나온다. 이것을 벽면에 붙이거나 지지대를 만들어 화단에 꽂으면 아기자기한 안내판이 된다.

뛰어 놀 공간이 부족한 좁은 학교

우리나라 인구의 90%가 도시에서 살고 있지만, 도시의 학교 운동장은 나날이 작아지고 있다. 땅 가격이 계속 오르니 학교는 자꾸만 언덕 위로, 또 규모를 작게 지으려고 한다. 대규모 학급의 학교도 체육관과 운동장이 한 개뿐이다. 체육관과 운동장을 효율적으로 사용해도 동시에 두 학급 정도만 사용할 수 있다. 공간은 한정되어 있는데, 사용하려는 사람은 많다 보니 서로 공간을 차지하려고 신경전을 벌이기도 하고, 한 공간에서 동시에 놀다가 부딪히기도 한다. 이런 상황에 저학년 어린이들은 강당과 운동장에서 놀면 동네북이 되기 십상이다.

요즘 많은 학교가 2교시와 3교시 사이에 20~30분 정도 중간놀이 시간을 만들고, 점심시간을 활용해 아이들이 마음껏 뛰어놀라고 장려하고 있다. 놀이를 통해 친구들과 노는 법을 알고, 인성을 배우고, 협력하는 법을 배운다. 또한, 놀이를 통해 공부를 지속할 수 있는 체력을 기르고, 학교폭력을 예방할 수 있다고 믿기 때문이다. 하지만 놀 공간이 부족하다 보니 실상 큰 효과를 느끼지 못한다. 기운이 넘치는 아이들은 뛰어놀아야 할 시간에도 교실에만 있어야 하는 상황에 스트레스를 받게 된다.

이 문제를 해결하는 방법은 교내 학급 수, 학생 수를 줄이거나 중간놀이 시간과 점심시간을 줄이는 어리석은 방법과 놀이 공간을 늘리는 물리적인 방법 두 가지가 있다. 다행히 대부분의 학교는 틈새 공간을 활용해서 놀이 공간을 늘리는 방법을 선택한다. 보도블록, 건물과 건물 사이, 빈 주차장 등 다양한 자투리 공간을 놀이 공간으로 바꾸면 놀이를 통해 아이들이 넘치는 에너지를 발산할 수가 있다.

학교에 가서 놀고 싶어요

아이에게 들을 수 있는 최고의 칭찬은 재미있는 선생님, 재미있는 부모님이다. 반대로 가장 상처받는 말은 선생님이 재미없어서 학교에 가기 싫다는 말이다. 실제로 그런 말을 들으면 억울하기도 하다. 열심히 수업을 준비하고, 최선을 다해 수업하고, 아이들 이야기도 잘 들어주고, 질문에 성실하게 대답해 주었는데 '선생님이 재미없다' '학교에 가기 싫다'고 말하면 마음에 깊은 상처가 생긴다. 그것도 깊게, 그리고 오래.

아이들을 재미있게 만들어 주는 방법은 여러 가지가 있다. 수업에 아이들이 재미있어할 만한 활동을 많이 넣거나, 교실에서 재미있는 놀이를 하고, 친구들과 관계를 좋게 만들어 주는 방법과 교실 안팎 학교 공간에 다양한 놀이 공간을 만들어 주는 방법 등이 있다.

이 중에서 앞의 3가지는 교사가 아이들을 위해 할 수 있고, 마지막 학교에 놀이 공간을 만들어 주는 것은 학교에서 해야 하고, 교사는 그 놀이 공간을 잘 활용하고 유지될 수 있도록 노력해야 한다.

예전에 학교 복도마다 아이들이 놀 수 있는 놀이도구를 사서 설치한 적이 있었다. 예산을 제법 사용했지만, 교사들에게 놀이도구에 대한 활용법도 안내하지 않았고, 교사들도 관심을 가지지 않았다. 어떤 일이 벌어졌을까? 아이들은 놀이도구에 지대한 관심을 보였고, 쉬는 시간과 점심시간마다 가지고 놀았다. 사용법도 모르고, 놀이의 규칙도 없이 그냥 가지고 놀면 아무리 좋은 놀이도구여도 쓸모가 없는 법이다. 불과 한 달도 안 돼서 거의 모든 놀이도구들이 다 망가졌고, 망가진 놀이도구로 장난을 치다가 다친 아이들도 생겨났다. 아이들은 곧 흥미를 잃었고, 남아있는 놀이도구는 흉물처럼 방치되었다.

학교는 노력했고, 아이들은 관심을 보였다. 하지만 교사의 역할이 빠지면서 놀이가 제대로 운영될 수 없었다. 놀이방법을 가르쳐 주고, 놀이도구를 관리하고 놀이도구 없이도 노는 법을 알려 주거나 규칙을 단순하게 해서 아이들끼리 놀다가 다툼이 일어나지 않도록 만들어 주는 등의 과정이 필요하다. 이러한 노력이 정착된 이후에는 교사가 놀이 방법을 안내하지 않아도 아이들이 자발적으로 놀 수 있는 문화가 마련된다.

부모님과 함께 하는 방과 후, 토요 전통놀이

　예전에는 아이들끼리 앞마당이나 골목에 모여 전통놀이를 했다. 아이들이 놀 때 어른은 개입하지 않았다. 어쩌면 놀이는 아이들만의 신성한 영역이었을지도 모른다. 형이 동생에게 놀이 방법을 알려 주고 동생이 또 다른 동생에게 알려 주면서 놀이 문화가 이어졌다. 하지만 지금처럼 전통놀이를 계승하는 문화가 단절된 상황에서 아이들이 스스로 놀이 방법을 알고, 놀기를 바라기는 어렵다.

　교사가 가르쳐 준다고 하더라도 안전을 중요시하는 요즘 상황에서 아이들끼리 알아서 놀도록 두기도 염려스러운 현실이다. 놀이를 알려 주고, 아이들이 규칙으로 다툼이 일어나지 않도록 심판이 되어 주고, 응용 놀이를 만들 수 있도록 장려해 주는 놀이 강사나 놀이 도우미가 있으면 좋을 것 같다.

　몇몇 학교에서는 이 역할을 학부모님이 해 주신다. 하지만 놀이에 대한 이해와 교육을 받아야 하기에 전문적인 학부모들이 필요하다. 그래서 학부모님을 전통놀이 강사로 위촉해서 방과 후 프로그램으로 운영하는 것도 좋다고 생각한다. 방과 후 프로그램으로 전통놀이를 신청한 아이들은 학부모 전문 놀이 강사에게 안전하고 재미있게 노는 법을 지도 받을 수 있다. 우리 아이들이 학교에서 안전하고, 신나게 뛰어놀다 온다고 하면 부모님도 믿고 안심할 수 있을 것이다.

　전통놀이의 좋은 점은 부모님도 놀이의 전문가라는 점이다. 아이들도 알고, 부모님도 아는 놀이를 함께 하면 규칙을 배우는 등 노력하지 않아도 같이 놀 수 있다. 부모님의 현란한 기술을 보며 아이들이 놀라고, 부모님을 존경할 수 있는 시간이 될 수 있다. 아이들은 자기보다 잘하는 사람에게 호감을 느끼기 때문이다. 부모님이 아이보다 게임을 잘하기도 어렵고, 잘한다 하더라도 큰 노력과 시간을 투자해야 한다. 그에 반해 전통놀이는 엄마·아빠가 원래 왕년에 잘 했던 놀이, 너희들이 따라오려면 최소한 몇 년은 더 해야 따라올 수 있다는 자신감을 가진 놀이이다.

　　방과 후에는 일부 학부모님과 아이들이 전통놀이 프로그램에 참여한다면, 주말에는 더 많은 가족들이 학교에서 전통놀이를 즐길 수 있다. 나른한 주말에 멀리 갈 필요도 없이 학교 운동장에 가서 자녀들과 같이 한 번 놀고 오면 가족 간에 사이도 좋아지고, 운동도 할 수 있다. 전통놀이 그림을 학교 곳곳에 그려 놓았기 때문에 아이들이 주말에도 아무 때나 와서 즐길 수가 있다. 그래서 주말 중 시간을 정해 놓고, 토요 전통놀이를 운영한다면 그 시간에 아이들과 부모님이 모여 여럿이 더 재미있게 놀 수 있다.

　　다양한 놀이를 하기 위해서는 약간의 도구가 필요한 놀이도 있다. 팽이치기, 고무줄놀이, 비석치기, 투호 등 놀이 도구를 넣어둘 도구 보관함을 설치하고, 시간과 요일을 정해 관리를 해 준다면 주말마다 풍성한 놀이가 진행될 수 있다. 도구 보관함 관리는 예를 들어 날씨가 좋은 봄, 가을에만 운영하되, 토요일은 어머니회, 일요일은 아버지회에 맡긴다. 동네 주민들이 학교에 와서 놀이할 수 있다고 홍보하면 주민들은 학교라는 좋은 놀이 공간을 편하게 드나들며 잘 활용할 수 있게 된다.

　　실제로 주말에 학교에 전통놀이를 하러 온 아이들과 아빠들이 만나 친해진 일도 있다. 특히 새로 생긴 신도시로 이사를 온 분들이 친구가 생기는 경우가 종종 있다. 그렇게 동네에 적응하고, 아빠끼리 친구가 되고, 아이들끼리 친구가 되면서 아이들이 마을공동체를 긍정적으로 받아들이게 된다. 마을과 학교가 소통을 하면 나중에 학교가 많은 도움을 받을 수 있다. 주말에도 아이들이 학교에 와서 놀고 간다면 학교가 주민들의 사랑을 받게 되고, 학교 행사나 홍보에 주민들이 많은 도움을 준다. 이렇게 학교 공간에 사람들이 모이면 주말에 아이들이 같이 공연을 할 수도 있고, 장터를 열 수도 있고, 축제도 열 수가 있다.

전통놀이 축제로 하나되는 다문화 교육

농촌 지역의 학교에서 일할 때, 현장에 닥쳐서야 다문화 교육의 필요성을 느끼게 되었다.

우리나라 산업의 구조, 고령화, 저임금의 늪 등 여러 가지 문제가 복합적으로 얽히면서 우리는 외국인의 유입을 막을 수 없는 상황이 되었다.

아마 외국인 노동자들이 우리나라를 일시에 빠져나가면 우리나라 산업이 큰 타격을 받을 것이다. 이제는 이들이 우리나라에 잘 적응할 수 있게 시스템을 만들고, 교육을 해 주어 대한민국에 대한 이미지를 좋게 심어 주는 것이 국가적으로도 더 이득이다.

그래서인지 학교현장에서도 다문화 교육을 강조하고 있다. 하지만 문제는 어떻게 어떤 방법으로 가르쳐야 할지 잘 모르고, 다문화 아이들이 많은 학교에 발령이 나면 더 혼란스러워진다는 것이다. 도시에 있을 때는 다문화 교육에 신경을 쓰지 않다가 아무런 준비 없이 갑자기 만나니 그때 고민하면 늦는 경우가 많다.

전통놀이는 다문화 가정의 자녀들을 이해하고 존중하는 데 많은 역할을 한다. 그들이 틀리다고 배척하는 것이 아니라 어떻게 생각하고, 어떤 문화를 가지고, 어떤 행동을 하는지 이해를 해야 나와 어떤 점이 다른지, 어떻게 받아들이고 수용하면 좋을지 생각이 나아갈 수 있다.

다문화 교육에서 가장 필요한 것은 우리나라 아이들이 그 아이들을 차별하거나 괴롭히지 않도록 막는 것이다. 자기들보다 한국어가 어눌하므로 얕잡아 보는 경우가 많다. 그 얕잡아 보는 시선이 괴롭힘으로 이어지는 경우도 많다. 그래서 그 아이들이 잘하는 것을 해봄으로써 심리적으로 그 친구들을 얕잡아 보는 마음을 없애고, 서로의 놀이를 교류해 봄으로써 그 나라를 좀 더 가깝게 느끼고, 알고 싶어 하는 마음을 줘서 동등한 지위를 가지고 있음을 느끼게 하는 것이 중요하다.

전통놀이는 그런 면에서 잘 활용될 수 있다. 각 나라만의 전통놀이가 있고, 말이 아닌 행동으로 소통하면서 친근감을 느낄 수가 있다. 그리고 이 친구가 우리 문화에 적응했듯이 나도 친구의 문화를 배워야겠다는 생각을 심어 줄 수 있다.

전통놀이를 하고, 전통음식을 먹으면 더 좋은 교류가 될 수 있다. 그래서 학교에서는 다문화체험의 날을 정해 서로 어우러질 수 있는 시간을 마련하고 있다. 전통놀이 축제를 하면 자신들이 배운 전통놀이를 전교생에게 알려 주는 시간을 갖고, 다른 나라 전통놀이도 체험해 봄으로써 다문화 축제도 같이 할 수 있다. 중간놀이 시간이나 점심시간에 전통놀이 축제를 열고, 전교생 아이들이 자유롭게 부스로 와서 전통놀이를 체험해 보는 시간을 제공한다. 모둠별로 전통놀이를 하나씩 연습하거나 응용 전통놀이를 만들고, 각 전통놀이 구역으로 가서 책상을 놓고 부스를 설치한다. 우리나라 전통놀이뿐만 아니라 외국의 전통놀이까지 체험해 보면 아이들의 관심도 증가하고 다채로운 다문화 교육이 될 수 있다.

만약 학교축제로 진행한다면 규모를 더 키워서 다문화 교육과 같이 하면 좋다. 보통 다문화 체험 부스로 가서 전통놀이를 하고 나면 그 나라 음식을 시식할 수 있는 기회가 주어진다. 그러면 그 나라의 전통놀이와 전통음식을 먹어 보며 그 나라에 대한 관심을 자연스럽게 가지게 된다. 부스에 그 나라의 위치와 인구, 종교, GDP, 문화, 음식 등을 전시해 놓으면 정말 훌륭한 세계 공부가 될 수 있다.

놀이로 소통하는
어른이 되길

전통놀이는 아이들의 생활에서 극히 일부에 속할 것이다. 아이들의 생활을 들여다보면 학교에서 공부하고, 학원에서 공부하고, 집에 와서 숙제한다. 그리고 저녁을 먹을 때나 TV를 볼 때 부모와 잠시나마 함께 있는데 의미 있는 대화를 하는 경우는 거의 없다. TV를 보거나 스마트폰을 만지거나 컴퓨터를 하면서 같은 공간에만 있을 뿐 대화가 많지 않다.

부모의 생활도 마찬가지다. 아침부터 직장에 나가 집에 들어와서도 직장일 생각이 머릿속을 맴맴 돈다. 저녁을 먹고 거실에 앉아서 쉬어도 마땅한 대화거리도 없고, 일에 대한 생각이나 잡념이 많다. 게다가 스마트폰만 쳐다보고 있는 아이에게 마땅히 걸 말도 없다. 공부 잘하고 있냐는 대화로 시작해서 왜 공부는 안 하고 스마트폰만 만지고 있느냐는 잔소리로 이어지기 일쑤다.

즉, 아이와 부모 사이에 소통할 거리가 없다. 같이 무엇이라도 하면 좋으련만 부모가 좋아하는 것과 아이가 좋아하는 것이 달라 함께하기도 어렵다. 그렇게 아이들이 자랄수록 가족의 대화는 더 줄어들게 된다.

이 책을 쓴 이유는 전통놀이가 활성화돼서 아이들의 체력이 좋아지고, 창의력이 늘어나기를 바라는 바람도 있지만 진정으로 부모와 아이가 소통할 수 있는 계기를 하나라도 더 만들어 주고 싶은 심정이 더 컸다.

친구 같은 아빠, 엄마가 되는 것이 가장 좋다고 하는데 친구가 되려면 같이 놀아 주어야 한다. 부모와 자녀 간에 놀 거리가 많아야 대화도 많아진다. 그리고 난 뒤에야 서로 소통을 하고, 원하는 것들을 조율해 나갈 수 있다.

이 책이, 이 놀이가 여러분의 학교에, 가정에 작은 소통의 밑거름이 되길 바란다.

2018년 6월 20일
전인구 드림

2018년 6월 20일 초판 1쇄 발행

지은이 | 전인구

그린이 | 박정원

펴낸이 | 이형세

책임편집 | 조은지

디자인 | 강태영

펴낸곳 | 테크빌교육(주)

주소 | 서울시 강남구 언주로 551, 프라자빌딩 8층(역삼동 654-3)

전화 | 02 - 3442 - 7783(222)

팩스 | 02 - 519 - 9918

ISBN | 978 - 89 - 93879 - 96 - 4 03370

정가 | 16,000원

즐거운학교는 테크빌교육(주)의 출판 브랜드입니다.
이 책의 무단 전재와 무단 복제를 금합니다.
이 도서의 국립중앙도서관 출판예정도서목록(CIP)은 서지정보유통지원시스템 홈페이지
(http://seoji.nl.go.kr)와 국가자료공동목록시스템(http://www.nl.go.kr/kolisnet)에서 이용하실 수 있습니다.
(CIP제어번호: CIP2018013832)